有料更有趣的朝代史

唐史 3 盛极而衰

方寄傲 编著

浙江工商大学出版社
·杭州·

图书在版编目（CIP）数据

唐史 / 方寄傲编著 .—杭州：浙江工商大学出版社，2022.9

（有料更有趣的朝代史 / 胡岳雷主编）

ISBN 978-7-5178-4842-4

Ⅰ.①唐… Ⅱ.①方… Ⅲ.①中国历史—唐代—通俗读物 Ⅳ.① K242.09

中国版本图书馆 CIP 数据核字（2022）第 022895 号

唐 史
TANG SHI

方寄傲 编著

责任编辑	沈明珠
责任校对	熊静文
封面设计	吕丽梅
责任印制	包建辉
出版发行	浙江工商大学出版社 （杭州市教工路 198 号　邮政编码 310012） （E-mail: zjgsupress@163.com） （网址: http://www.zjgsupress.com） 电话：0571-88904980，88831806（传真）
排　　版	北京东方视点数据技术有限公司
印　　刷	唐山富达印务有限公司
开　　本	787mm×1092mm　1/32
印　　张	28
字　　数	624 千
版 印 次	2022 年 9 月第 1 版　2022 年 9 月第 1 次印刷
书　　号	ISBN 978-7-5178-4842-4
定　　价	198.00 元（全四册）

版权所有　侵权必究

如发现印装质量问题，影响阅读，请和营销与发行中心联系

联系电话　0571-88904970

目　录

第一章　开元盛世，登上大唐王朝的巅峰
　　不是只有刘备才会哭 _ 003
　　"十事要说"说时事 _ 009
　　宋璟也是个好宰相 _ 014
　　大唐不差钱 _ 020
　　到欧洲去赚钱 _ 027

第三章　诗文传世，绣口吐出的盛唐
　　唐传奇，大唐的传奇 _ 033
　　大漠外，雄浑音 _ 038
　　李白：想做官又不想做官 _ 043
　　死可以，浪漫范不能变 _ 054
　　杜甫：想做官就是想做官 _ 060

第四章　八方来朝，旷世画卷传宇内
　　兼容并包是一种气度 _ 069
　　鉴真东渡不容易 _ 073
　　天威播四海 _ 083

第五章　奸臣当道，巅峰背面的陡坡

　　名字好记人吃香 _ 089

　　风度得如九龄否 _ 096

　　奸臣也能变法 _ 100

　　马不能随便叫，人更不能随便叫 _ 110

　　太子是用来陷害的 _ 117

　　文盲的好处 _ 126

第六章　多情贾祸，爱江山又爱美人

　　后宫一枝梅 _ 133

　　儿媳妇与妃子的关系 _ 138

　　走后门的杨国忠 _ 144

　　相见争如不见 _ 149

第七章　长恨悲歌，此恨绵绵无绝期

　　好话一箩筐 _ 157

　　反了就是反了 _ 165

　　牛不能随便吹 _ 170

　　得罪人也要有选择 _ 180

　　被牺牲的女人 _ 186

第八章　乱世登基，走出战乱的艰辛之路

　　"被"太上皇 _ 195

　　收复两京 _ 200

　　归义王不义 _ 207

　　认清敌人的朋友 _ 216

第一章
开元盛世，登上大唐王朝的巅峰

不是只有刘备才会哭

李隆基是个心有抱负，富有才华和手段的君主。只要能够找到合适的人来辅佐他，一个黄金时代就必然来临，所幸，唐玄宗遇到了姚崇和宋璟。

姚崇生于永徽元年（公元650年），本名元崇，字元之。祖籍在江苏吴兴，先辈世代在陕西一带为官，所以他就定居到了陕西的硖石（今属陕县硖石乡）。其父亲便是姚懿，曾任硖石县令。姚崇可谓大器晚成，年轻时，因为出生在官僚家庭，衣食无忧，对于民间疾苦也不甚了解，所以整日沉溺在吃喝玩乐之中。韶华易逝、人生易老，转眼间姚崇已经年过弱冠，可还是一事无成。眼看家境一日不如一日，政治动荡，民生疾苦，姚崇遂决意发奋读书。

在武则天之时，姚崇便已经入朝为官，在这期间，姚崇表现出了非凡的政治才能，对于许多武则天难以解决的政治难题，他都能上书论政，对答如流。于是，武则天将姚崇派遣为主管刑狱的官员。恰逢武则天推行严刑峻法，主管刑狱的官员大多是酷吏。姚崇为官清廉，执法公正，避免了很多冤假错案的发生，甚至还将那些蒙冤受屈之人放了出来，在朝野上引起很大争议，幸好武则天不拘一格任用人才，见姚崇非比常人，遂连连提拔他。

圣历元年（公元698年），姚崇终于坐上了尚书的位置，同时还兼任了相王李旦府的长史。如此快的晋升速度，不得不让人疑问：为官清廉、执法公正的人，历史上虽然不是很多，但也不少，何以姚崇会独占鳌头呢？

在为人上，姚崇为人豪放、雅量高致。为官上，更是才华出众、沉稳灵活。加之遇到了武则天这样一个不拘一格的君主，姚崇在步入仕途之后，便一路顺风顺水，平步青云，很快便坐上了武则天大周王朝的夏官（即兵部）郎中。也正是到了这个位置，姚崇的才干才真正地体现和发挥出来。

适时，契丹大举进攻中原，为了防止他们的袭扰，武则天派遣大军前去抵御敌人，一波三折之下，契丹军大败而归，捷报传来，武则天龙心大悦。到了论功行赏之时，武则天发现，在这一期间，兵部的事务极其烦琐，但是姚崇凭借其过人的才能，让原本紊乱不堪的事务变得井井有条。素有爱才之名的武则天，立刻提拔姚崇做了夏官侍郎。

神功元年（公元697年），武则天的政权已经越来越稳固，安下心来的武则天对于那些枉死狱中的朝臣，对于那些酷吏捏造的冤假错案，也进行了反思。姚崇曾在秋官（即刑部）任职，对于周兴和来俊臣等一干酷吏和他们的伎俩，姚崇是很清楚的。虽然没有亲身经历那些风云跌宕的变故，但至今想来，也是心有余悸。这些人借着武则天的护佑，滥用刑罚，无法无天，造成了无数人家破人亡。

如今见武则天有此感悟，姚崇便直言不讳地向武则天陈述了自己的意见。姚崇认为，汉朝最大的冤狱，莫过于党锢之祸。但自大周垂拱时期（公元685年—公元688年）到现在，有多少人因为被冤枉而家破人亡？为了能够立功，那些告密的人可谓无所不用其极，想尽各种办法去罗织别人的罪状。如此一来，皇帝派遣下去的人，一个个都战战兢兢如履薄冰，自身难保之下，哪里还顾得上他人的死活？那些被冤枉的人，只要能够苟全性命，就不会想要重新崛起，闻达于朝野，因为那样一来，他们便会面临酷吏的追杀，惨遭他们的毒手。所以看起来，一切的冤假错案，似乎都是证据确凿，无可辩驳的。

姚崇还认为，幸好武则天早早醒悟了过来，将那些国家的毒瘤清除了，整个朝野才渐渐安定了下来。所以姚崇便用自己以及全家人的头颅做担保，从今往后，朝廷内外一定不会有谋反的人了。同时，姚崇还向武则天建议，今后若有人密告有人谋反，皇帝陛下只要将那些状纸收存起来，不加追究就可以了。如果真的发现了有人谋反的确凿证据，自己甘愿领受知而不告的罪责。

武则天不愧是古今女子第一人，对于姚崇的尖锐批评和毫不顾忌其颜面的建议，武则天不但没有追究其诽谤之罪，反而表现得很是高兴。因为她认为，以前的那些文武重臣，食君之禄却不忠君之事，对于既成的事实不但不加以反思，反而推波助澜，让自己成了一个滥杀无辜的君主。姚崇今日的言论，正好说到自己心里去了。于是，武则天命令给姚崇赏赐了千两白银。更为重要的是，二人的相知和相惜，经过这件事情，可谓百尺竿头更进一步。

一年以后，武则天便提拔姚崇担任了宰相，可是几年以后姚崇就因为刚正不阿而得罪了深受武则天宠信的张易之、张昌宗兄弟，遭到了报复。武则天听信了张氏兄弟的谗言，将姚崇调离京城，转而让他做了灵武道德大总管。临行之前，为了让朝中局势不至于因为姚崇的离去而发生动荡，武则天便向姚崇咨询，由谁来继任宰相之职较为合适。

其实在此之前，姚崇就十分欣赏张柬之的才能，屡次向武则天推荐过此人，而张柬之也因此仕途平顺、屡受升迁，只是一直没有坐上宰相的位置。这一次姚崇见武则天向自己问起宰相的继任人选，便毫不犹豫地向武则天推荐了张柬之。武则天也知道张柬之的才能。其实在不久之前，张柬之在武则天的心目中，已经是宰相的不二人选，此时见姚崇有心推举他，武则天索性顺水推舟，让张柬之做了宰相。

此时张柬之虽然已经年近八十，但仍然老当益壮，把朝中一应事务收拾得井井有条。同时，他还利用职务之便，积极联络有志之士，积蓄力量准备打击张易之和张昌宗两兄弟的势力。

不久，张柬之联合了桓彦范，与姚崇等人一起，一举剪除了朝中最大的蛀虫张氏兄弟。其实对于张氏兄弟，武则天早已有心铲除，可是她没有料到张柬之等人竟然趁此机会，将自己推下了天子宝座，转移到上阳宫中了却残生。武则天的第三子李显登基称帝，是为唐中宗。

政变成功了，朝廷论功行赏，张柬之、姚崇等功臣，也获益匪浅。但是姚崇却整日愁眉紧锁，一副忧心忡忡的样子。这日，在中宗的率领下，众人前去上阳宫向武则天问安。正在路上，一个人的啼哭声引起了大家的注意。这个人不是别人，正是在政变中立有大功的姚崇。原来姚崇在武则天的权力被夺取之后，由于之前屡受武则天的恩德，故而始终心存愧疚。而且他也认识到，虽然武则天被废黜了，权力似乎重新回到了李家正统的手中，但是实际上，斗争远远没有结束，韦后掌权也是迟早的事情。如果这个时候还留在京师，自己必然会被卷入宫廷斗争，朝不保夕、祸福难料。

所以对于众人的关心，姚崇大胆地说："我是个恋旧的人，事奉则天皇帝，转眼已经有数十年光景了，现在她突然离开了朝堂，发自内心的感情，又怎么能够控制得住呢？昨天我经过深思熟虑，参与了你们组织的诛杀凶逆之举，也算是尽做了臣子的常道，不敢说有什么功劳；今天与旧日的主子告辞而悲泣，也是作为臣子应有的节操，由此而犯罪，哪里有什么可以惧怕的呢？"

经此一事，姚崇被调离朝廷，做了亳州（治所在今安徽亳州）刺史。暂时远离朝廷的纷争，不失为一个明哲保身的举动。果然，姚崇去了亳州后不久，张柬之便被杀死，武三思和韦后则相继掌权。后来武三思被杀，中宗更是被韦后与安乐公主毒死，朝中大权彻底落入了韦后母女的手中，直到李隆基发动政变，政权才最终回到了李氏家族的手中。而姚崇也在这一连串的宫廷变乱之中，得以毫发无伤。

也正是如此，才让姚崇得以在以后的政治生活中，真正大展拳脚，实现其政治抱负。景云元年（公元710年），继位的睿宗李旦，将姚崇重新调回了京师，做了兵部尚书、同中书门下三品。

算起来，姚崇是第二次坐上了宰相之位。但是这一次，他的政治生命并不是很长久，因为此时朝中大权大都落入了太平公主的手中，眼看着另外一个武则天就要崛起在朝堂之上，姚崇冒着被太平公主记恨的危险，向李旦提出建议：首先剪除支持太平公主的王侯势力，将他们派遣到各个州县去；其次则是将太平公主安置到洛阳，远离京师长安。如此一来，李隆基就能够稳坐东宫太子之位。

谁知唐睿宗不仅没有采纳姚崇的建议，反而将他的想法如实告知了太平公主，这样一来，姚崇便成了太平公主的眼中钉、肉中刺。幸好李隆基早就看出了太平公主的企图，为了保护姚崇，李隆基向唐睿宗进言说，姚崇胆大包天，竟敢挑拨唐睿宗和太平公主兄妹的关系。经过商议，睿宗决定将姚崇贬为地方官。此次距离姚崇上任为宰相，尚不到一年的时间。

不久之后，也就是开元元年（公元713年），唐玄宗率先出击，将太平公主的一干党羽一网打尽，从此从名义上到实际上，都成了大唐江山唯一的君主。姚崇政治生涯的黄金阶段也宣告来临。

"十事要说"说时事

这一天,玄宗率领朝中众臣前去新丰(治所在今陕西临潼东北)检阅军队,按照制度,皇帝在外出巡,方圆三百里范围内,无论官职大小、地位尊卑,所有的州郡官员都需要去皇帝的行宫朝见。姚崇身为同州(治所在今陕西大荔)刺史,应该按照规定前去朝见皇帝。除此以外,姚崇还得到了唐玄宗的秘密召唤,于是便立刻启程赶往行宫。

姚崇赶到时,玄宗正会同文武百官一起游猎,一见姚崇来了,皇帝顿时心下大喜。只是他担心,姚崇年已老迈,还能否出山为自己重整河山,整肃朝政?于是李隆基便问姚崇,是否能够骑马射猎?姚崇当即答道,自己不仅从小就会,而且到了二十岁之时,更是精于此道,现在自己虽然老了,却希望还能够以呼鹰逐兽为乐,游戏于江湖之远、山水之间。

唐玄宗见姚崇如此自信,就让他加入了狩猎的阵营,只见姚崇在猎场上挥洒自如、动作矫健、身手灵活。静如猛虎假寐,动若狡兔飞驰。唐玄宗看了,心中大喜,甚是满意,遂决意重新重用姚崇。

狩猎结束之后,姚崇被叫进了唐玄宗的营帐之内。玄宗向他问及对于当下国家局势的看法,对于玄宗的问话,姚崇成竹在胸、智珠在握,说得逸兴遄飞、头头是道,让唐玄宗感到心旷神怡、感慨不已,马上表示姚崇应当成为大唐的宰相。

面对皇帝的邀请,姚崇并没有立刻领旨谢恩。他对唐玄宗说,自己有十点意见要说明,只要唐玄宗做到了,自己必将鞠躬尽瘁死而后已,但如果唐玄宗不能做到,则这个看似权倾朝野的宰相一职,自己无论如何也不会去当的。

玄宗一听,顿时觉得很有趣,不管姚崇的意见是什么,且让他说个清楚,再加以定夺不迟。姚崇遂将自己的十条意见娓娓道来。

第一,自唐玄宗做了皇帝以来,朝廷依然延续武则天的做法,以严刑峻法治理天下。这不利于安抚人心稳定朝纲,因此姚崇便建议唐玄宗废除严刑峻法,以仁义治理天下。

第二,朝廷曾经在青海一带被吐蕃打败,但是朝廷不但没有收敛,反而变本加厉,连连对外用兵、征战不休。是故姚崇建议,希望朝廷在十年之内,不要妄动刀兵。唐朝内部刚刚经历了长达九年的变乱,正需要休养生息,无论从经济实力还是军事实力而言,唐朝都不适合对外发起新的战事。所以对于姚崇这一条建议,唐玄宗是打心眼里赞成。

第三,宦官制度流弊无穷,一旦出现宦官专政的现象,就会构陷忠良、搅乱朝纲。但是自从武则天时期,宦官便得到重用,代表朝廷行使权力。所以姚崇向唐玄宗建议,今后一定要杜绝宦官参与朝廷政事。关于这一点建议，唐玄宗并不以为然，因为在他夺回帝位的过程中得到了宦官的帮助，因此他对于宦官很有好感。所以对于姚崇的这一提议，唐玄宗并没有马上做出答复。

姚崇对于唐玄宗的心中所想，也是心知肚明，见唐玄宗心生犹豫，深谙进退之道的姚崇并不在这件事情上多做纠缠，直接说出自己的第四点意见：自从武氏家族坐拥整个江山之后，许多高官要职都被他们所窃取。后来韦后和安乐公主更是大肆任用外戚家族，导致中宗权力空虚。所以姚崇便向唐玄宗建议，希望他在以后的执政过程中，能够做到使皇亲国戚不在国家要害部门任职。对于这一点，唐玄宗有切身体会，感触颇深。因此，姚崇的这一建议也得到了唐玄宗的认同。

第五，姚崇又建议唐玄宗，为了做到朝政清明，河清海晏，就要严格执法，对于奸佞之徒，不管职位高低、关系亲疏，只要触犯了国家法律，都必须严惩不贷。

第六，姚崇建议玄宗，除了正常的国家税赋差役之外，要严厉杜绝苛捐杂税和摊派科率，这样才能肃清吏治，与民休息。唐玄宗正是胸怀雄心壮志之时，既然这样做对国家和自己的统治有好处，唐玄宗自然毫不犹豫地答应了下来。

第七，由于李唐推崇道教，而武则天在位时又大兴佛教，因此自开国以来就兴修了不少道观寺庙。姚崇认为，不管是武则天建造福先寺，中宗建造圣善寺，还是睿宗建造金仙、玉真观，都是虚耗国库、压榨民力的行为。所以姚崇建议，在唐玄宗统治期间，一定要禁止继续建造寺庙道观。唐玄宗也知道这些现象，对于怨声载道的百姓，唐玄宗何尝不是心中难安？今日姚崇既然提了出来，自己断然不会那样做了。

第八，姚崇认为，古人立下了礼不下庶人、刑不上大夫的古训，而武则天任用酷吏，肆意构陷凌辱朝臣，既有违君臣之礼，又容易造成朝野的恐慌。因此姚崇希望唐玄宗对于臣子一定要以礼相待。唐玄宗当即表示，事情本就应该这样做，姚崇的建议很有道理，自己自然要从善如流。

第九，姚崇从武则天时代开始，便在朝中为官，无论官职大小，总算是见多识广。因此他认识很多因为犯颜直谏而被判罪的直臣，姚崇认为大臣动辄以言获罪会让人们对朝廷感到灰心。所以他请求唐玄宗，凡是作为天朝臣子的，皆可以犯颜直谏，无所避讳。玄宗时常以海纳百川、有容乃大的心态，处理朝中事务。对于忠言，不仅乐于去听，而且也愿意按照忠言去做。

最后一条，姚崇总结了西汉和东汉两朝的经验，深知外戚乱政、流弊无穷。如今想起来，也是如芒刺在背，让人感到寒心。自武则天开始，唐朝的外戚政治便日盛一日。因此姚崇请求唐玄宗以此为鉴，并且告诫后世子孙，警惕外戚干政。唐玄宗经历过诸武把持朝政的时期，对外戚干政的危害深有体会，因此也很同意。

唐玄宗基本上认同了姚崇提出的"十事要说"，于是姚崇就正式成为了唐玄宗的宰相。再次拜相的姚崇，以国家安定、百姓康宁为己任，大力打击那些欺压良民的贪官污吏，即便是皇亲国戚也毫不容情。当时薛王李业的舅舅王仙童财大势大，权倾一时，连唐玄宗都敬他三分。但是此人仗着自己的权势为非作歹、欺压百姓，于是姚崇上书唐玄宗痛斥其恶行，获得皇帝的批准后对王仙童严惩不贷。

此外，姚崇对于民生也十分重视。开元初年，黄河流域中下游的大部分地区，都爆发了历史上罕见的蝗虫灾害，蝗虫飞过庄稼地之时，遮天蔽日，让人触目惊心。蝗虫过后，整个田野寸草无存。姚崇深知蝗灾的危害，所以在上任之初，对蝗虫的作乱范围、为害方式、治理办法等，都进行了广泛调查和研究。到了蝗灾爆发之时，姚崇亲自披挂上阵、指挥若定，采取以郡县为单位，集中消灭蝗虫，奖励有功劳的，惩罚有过错的，等等撒施，如此一来，蝗灾很快便被控制住，百姓对姚崇的爱民举动，无不赞不绝口。

在姚崇担任宰相的时期，唐玄宗不断推行奖励清廉、精简机构、惩治贪官、选贤任能、裁减冗员、爱护百姓等清廉政治。为"开元盛世"奠定了坚实的基础。姚崇因为其巨大的功勋被誉为"救时宰相"，与唐太宗时的房玄龄、杜如晦并称为唐朝的贤相。

开元九年（公元721年）九月初三，姚崇带着荣耀和疲惫，离开了人世，享年七十二岁。经过多年的休养生息，国家的经济状况明显好转，官吏之中的厚葬风气也日益兴盛。但是姚崇深刻地了解民间疾苦，不忍耗费民脂民膏为自己大办丧事，于是他吩咐后人不可以厚葬，坚持薄葬，入殓时只穿平常的衣物，抄经、画像等行为，都要坚决反对。对于当时社会上流行的尊崇佛教、敬仰道教的风气，姚崇也坚决反对。

对于这一切，姚崇还把它们订立成了家法，子孙后代都不得违背，严格执行节俭之风。这件事情，也被后人传为佳话，到了今天，仍然具有重大的教育意义。

宋璟也是个好宰相

宋璟是继姚崇之后担负起将开元盛世推向高潮重任的宰相，由于姚、宋二人身处同一个时代，所以经常相提并论，并有"崇善应变以成务，璟善守文以持正"的赞词。

关于宋璟的为官历史，和姚崇一样，也大致可以分为三个时期。武则天当政时期、中宗和睿宗当政时期以及唐玄宗时期。唐玄宗在位时是宋璟仕途的巅峰时期。

宋璟生于高宗龙朔三年（公元663年），是河北邢台市南和县阎里乡宋台人。早在北魏和北齐时期，宋璟的祖上便是著名的官宦之家。良好的家庭环境熏陶，加上宋璟自己既聪明又努力，年少的宋璟就博学多才。

十七岁的时候，宋璟就进士及第。当时有"三十老明经，五十少进士"的说法，因为唐朝进士科的考试十分严格，许多人考了一辈子都难以得中，五十岁左右能进士及第就相当少见了，而宋璟还未到弱冠之年便中了进士，可见他才华横溢，天纵英才。

武则天登基以后，十分重视任用人才，经过仔细观察，武则天发现宋璟是个率性而刚正的人，于是决定重用宋璟，将他从凤阁（中书省）舍人逐渐提拔为御史中丞。只可惜宋璟并没有真正成为武则天的心腹之臣，张昌宗、张易之兄弟，才是武则天最为宠信的人，而宋璟的刚正，正好和他们的谄媚水火难容。

一次，张昌宗违反宫规，私自让相士为自己占卜运程。宋璟得知此事，遂向武则天上奏，请求追究他们的罪责。然而，武则天对张昌宗宠爱有加，哪里肯轻易处罚他呢？于是就下旨特赦了张昌宗的罪过，为了消除宋璟心中的不满，武则天还特别命令张氏兄弟到宋璟的府上谢罪。

岂料宋璟十分倔强，竟然拒不接见，自此宋璟便和二张结下了冤仇。

张氏兄弟是睚眦必报之人，虽然宋璟一直谨小慎微，但是他们仍然不停地想方设法在武则天面前中伤宋璟。只是宋璟一直没有犯下什么大的过错，甚至二人对他的中伤也不过是空穴来风，举不出什么有力的证据。加之武则天也不失为一代明君，对于他们之间的恩怨纠葛，自然心知肚明，所以对于他们对宋璟的恶言中伤，她一直是睁一只眼闭一只眼。

到了唐中宗在位时期，宋璟官居黄门侍郎，倔强方正的宋璟有一次因为性格而影响了仕途。因为得罪了权倾一时的武三思，宋璟遭到排挤，被调离京师，担任贝州刺史。不过俗话说，塞翁失马，焉知非福，和姚崇一样，正因为到了外地做官，宋璟才恰到好处地躲过了血肉横飞的宫廷斗争，得以明哲保身。当然，在这一时期，宋璟并没有放松对朝中大局的关注，时刻准备在未来的时代大势中大展拳脚。

功夫不负有心人，宋璟回到了京师长安。此时，唐睿宗登基为帝，而朝政则由太子李隆基和太平公主掌控。虽然离京多年，但是宋璟对于朝廷政务并没有半点生疏，被任命为吏部尚书、同中书门下三品（即宰相衔），之后将政务处理得井井有条。

新官上任三把火，宋璟第一次做丞相，虽然位高权重，却没有延续官场中任人唯亲的恶劣惯例。他的第一把火，便是提出了"虽资高考深，非才者不取"的准则，作为朝廷选拔人才的基本原则。第二把火，便是罢免了上千名昏庸无能的官员。这些官员大多数是太平公主的势力，宋璟这样做，引起了太平公主的坚决反对。宋璟不但没有理会太平公主咄咄逼人的气势，还顺势烧起了第三把火：请太平公主远离京师，到东都洛阳居住。这样一来，就能够有效防止太平公主的不轨举动。只可惜，太平公主的势力实在是太过强大，以至于宋璟这个宰相并没有做多久，便在太平公主的排挤下遭到罢免，逐出京城，被贬为楚州刺史。

直到李隆基夺权登基，彻底打败了太平公主，宋璟才又被任命为广州都督。这个官职听来显赫威风，但是今天繁华热闹的广州在唐朝时还是偏远落后的贫陋之地。不过宋璟并不怨天尤人，到了广州，宋璟一心扑在了民生的改善上，并且亲力亲为，教会百姓以砖瓦来建造房屋，取代简陋的茅屋和草屋，这样一来，不仅改善了百姓的居住条件，也使得火灾的发生次数大为减少。广州一带百姓因为宋璟的廉洁清正、勤政爱民，对宋璟赞不绝口。

他的这一名声也传到了姚崇的耳中,姚崇多次向唐玄宗引荐宋璟,称赞他是勤政廉洁之人,是大唐不可多得的人才。

开元四年(公元716年),阔别京师多年的宋璟回来了,并被李隆基任命为刑部尚书。后来,姚崇在辞官之后,向皇帝建议,让宋璟做宰相。宋璟再次拜相之后,依然沿袭"虽资高考深,非才者不取"的为官准则。历朝历代的官场弊病除了任人唯亲,还有小人进谗陷害忠良,不管是明主还是昏君,在其身边总会活跃着一批为了私利不惜误导君主、损害国家利益之人。只要君主稍微失察,使得小人得志,国家社稷的根基就会动摇。

为了整肃朝纲,防止这种奸佞之人在唐玄宗耳边进献谗言,宋璟向唐玄宗进言,认为朝堂上下,无论官职高低,只要在皇帝面前奏论政事,就必须要有谏官在一旁监督,史官在旁边记录,以防止那些有不轨举动之人,做出不利江山社稷的事情。这种做法被唐玄宗所采纳,取得了良好的效果。

宋璟的这个建议,虽然是防范小人谗言的有效措施,但是也限制了皇帝的自由,侵犯了皇帝至高无上的特权。而唐玄宗能够坦然接受,也显示出他的广阔胸怀和对于宋璟的极大器重。据传,当时唐玄宗像对待老师一样对待宋璟,宋璟一来,唐玄宗便出门相迎,宋璟要走,唐玄宗便一定会出门相送,如此一来,不止极大提高了宋璟在朝中的权威,还使君臣关系更加融洽。以往用人唯亲的朝廷制度,也随之而改变;奸邪小人诬赖忠臣良将的事情,从此更是少见。应当说,唐玄宗与宋璟的君臣相得,奠定了开元盛世的政治基础,正是由于他们的努力,才有了开元初年的朝政清明、国泰民安。

为了以身作则，宋璟十分注意严于律己，在他做宰相的四年时间内，虽然他权倾朝野，却为政清廉，从来不徇私情。据说当时宋璟的叔父宋元超成为了朝廷的候选官员，为了能够优先录取，他就倚仗宋璟的权势，要求吏部官员优先录取自己。眼看着大好前程就在眼前，孰料这个消息竟然不胫而走，传到了宋璟的耳中。宋璟遂向吏部传下自己的意思，招呼他们不能因私废公，于是，宋元超的企图宣告破产。

唐朝规定，每一年地方的各路官员都必须前往京师述职，简单而言，就是向皇帝和丞相汇报自己在这一年以来的为政得失。当然，更多的人是报喜不报忧。不仅如此，为了能够在权贵心目中留下一个好印象，为自己加官晋爵打通道路，这些人经常带着大量的金银珠宝，送给京师那些执掌大权的权贵高官们。这样一来，官场秩序遭到了很大的破坏。

宋璟见此，心中大为担忧，遂向唐玄宗建议，要求所有官员甚至包括皇帝自己，必须将在这一时期内收到的所有礼品退回去。唐玄宗欣然同意，地方官员走歪门邪道希求上进之路就此断绝，而京城的高级官员收礼受贿之风也为之一肃。

但是，唐玄宗终归不是李世民，在刚刚经历由乱到治的变化之时，唐玄宗能够虚怀若谷，不拘一格地选拔和任用人才，能够大胆纳谏，严肃处理国家政务。但是到了后期，随着国家经济的日益复苏，唐朝国力的不断提升，唐玄宗也滋生了骄傲自满的情绪。

公元720年，唐玄宗终于决定，可以放心地踢开这个帮助自己开创了开元盛世大局的功臣宋璟。在为相期间，宋璟不仅压制那些犯法官员的进一步申诉，更严厉打击市场上流通黑钱的现象。如此，便无可避免地得罪了不少权贵，他们不仅在唐玄宗身边屡次参奏，更通过自己手中的政治特权和经济、军事实力，不断对唐玄宗施压。鉴于此，唐玄宗罢免了宋璟的相位，封了他一个没有实权却地位尊崇的官职——开府仪同三司，说明唐玄宗对于宋璟还是宠信有加，并没有就此疏远宋璟。

九年之后，唐玄宗再一次任命宋璟为尚书右丞相，只是这一次，宋璟感到唐玄宗的精明已经是大不如从前，自己也是力不从心，身体一日不如一日。四年之后，宋璟最终决定归隐田园，在洛阳定居。唐玄宗感念他的功勋，遂特别下旨，他的一应俸禄全部不免。开元二十五年（公元737年）十一月十九日，宋璟在位于洛阳的家中去世，享年七十四岁。玄宗追封他为太尉，谥文贞。

大唐不差钱

忆昔开元全盛日，小邑犹藏万家室。
稻米流脂粟米白，公私仓廪俱丰实。
九州道路无豺虎，远行不劳吉日出。
齐纨鲁缟车班班，男耕女桑不相失。

——杜甫《忆昔》

唐玄宗统治前期，政治清明，经济空前繁荣，人口剧增，整个社会呈现一派昌盛富强的面貌，这就是历史上著名的"开元盛世"。正是在这种盛世背景下，杜甫才有了《忆昔》这首诗。这首诗从侧面反映了开元全盛之日，小邑藏万家千户，国民富实、物资充裕、治安有序、国泰民安的景象。

在古代，户口的多少决定着国家可支配的税收、粮食、力役、军队等标志国力强弱的指标的高低，是判断一个国家兴盛与否的最直接的标尺。而根据官方的户口统计，唐初全国仅三十八万户人口，而到了天宝十四载（公元755年）则猛增至八百九十一万四千七百零九户，竟然翻了二十多倍。

《新唐书·食货志》中也用热情洋溢的笔触描写了开元盛世的盛景："是时海内富实，米斗之价钱十三，青、齐间斗才三钱。绢一匹钱二百。道路列肆，具酒食以待行人。店有驿驴，行千里不持尺兵。天下岁入之物，租钱二百余万缗，粟千九百八十余万斛，庸调绢七百四十万匹，绵百八十余万屯，布千三十五万余端。"

商业是经济发展最为明显和直接的显示，而城市的兴起则是商业发展的必然结果。与大唐同一时期的，还有两个伟大而强盛的国家，一个是阿拉伯帝国，另一个则是欧洲的东罗马帝国。由于路途遥远和高山沙漠的阻隔，大唐帝国与东罗马帝国接触交流很少，文化、商业、风俗上的相互影响十分微弱。而毗邻的阿拉伯帝国及其以东的中亚诸国，则因地利之便与大唐的往来十分密切，其中表现最为明显的，便是民间的通商活动。

例如，在由于海上交通便利而对外交流密切的沿海重镇广州，阿拉伯人随处可见，以阿拉伯人为主要人口的外国侨民，数量达到了二十万人以上。他们大量聚居在城市中的某些地区，形成了一个个新兴社区，在这些阿拉伯人的聚居区中，到处是异国风情的阿拉伯式建筑。街道纵横、交通发达，世界各国居民都到这里来进行买卖交易，在八方来客的共同努力下，一千多年前的广州俨然成了一个国际化大都市。

当然，大唐的开放和包容并不仅仅体现在广州一城上。事实上，此时唐朝的对外贸易路线除了传统的由长安出发经甘肃、新疆向西的陆上丝绸之路外，还有经过南海、马六甲海峡、印度洋等地区的海上交通线。

商业的繁荣，促进了帝国经济大发展，上到达官贵人，下到平民百姓，都感受到商业带来的切实好处。同时，沿着两条国际贸易的路线，商业城市如雨后春笋般生机勃发地兴盛起来。

一千多年前的唐朝，沙州（今甘肃敦煌）、凉州（今甘肃武威）等地，在当时由于陆上丝绸之路的繁盛而成了客商云集、货流庞大的商业城市；而内河航运的港口如洪州（今江西南昌）、扬州（今江苏扬州）等则成了唐朝内陆的经济重镇；位于沿海一带的交州、广州、福州、明州等城市，则直接受益于海上贸易的繁荣而发展成了当之无愧的海上贸易城市；在天府之国的蜀中地区，还产生了益州（今四川成都）这一重要的城市。

所谓"扬一益二"，顾名思义，就是说唐朝的城市，扬州数第一，益州便当之无愧地数第二了。当然，其中不乏夸张的成分，但也毫无疑问地表现了古代益州在中国城市中的重要地位。

益州之所以能够形成那么大的规模，与天府之国的富足有密切的关系，同时与它四通八达的交通线也息息相关，虽然入蜀的道路号称"难于上青天"，但是这往往指的是蜀中与中原的沟通困难。难以从两条丝绸之路的对外贸易中获益的益州，借助地利之便通过与南方的近邻南诏国以及再向南的天竺（今印度）的商业贸易，也获得了很大的发展。加上虽然益州通往中原的陆路艰险，但长江水运却十分便利，这也极大地扩大了益州所能辐射的腹地。

当然，就整个唐王朝而言，真正能够影响世界的国际化大都市，还要数长安和洛阳。它们一个是唐王朝的都城，一个则是陪都，无论地缘、政治还是经济角度的原因，总之，让这两座城市在整个世界上最终占据着举足轻重的地位。作为当时世界上最强盛国家的政治、文化、商业中心，都城长安的繁荣和兴盛可想而知。这里聚集了大量的人口，他们要么把持着全国的最高军事指挥权力，要么掌握着最高的行政权力，甚至一个平平无奇的商人，都可能是富甲一方的大人物。

商业的开放一定伴随着文化的开放，在对待外国人的态度上，唐王朝充分显示了自己海纳百川、有容乃大的宽博气度。晚清朝廷在外国列强的坚船利炮的威迫之下签下丧权辱国的条约，其中被深引为耻的领事裁判权，在唐朝却作为大国交流间理所应当的权利被赋予了阿拉伯人。在大唐领土上的阿拉伯人社区，独立行使自己国家的权利，进行自我约束、自我管理、高度自治，就连法律也和大唐不同。当然，当他们和中国人发生了冲突，需要动用法律手段来解决之时，就必须用唐王朝自己的法律进行裁决，这显示了唐朝政府有理有节有据的外交风范。

西北之地也逐渐苏醒，以往的苦寒之地一改过去的萧瑟和残破，成就了当时举世无双的内陆大城市——凉州。自东汉末年之后，河西走廊地区便陷入了大分裂时代的泥沼，这些地区本来自然环境就不如东南沿海地区，更是古来兵家必争之地，如此一来二往，摧残不断，河西地区江河日下，汉代兴盛一时的丝绸之路也被割据势力所堵塞，不复昔日的繁荣。

从隋朝杨坚统一天下之后，中原与西域也就此恢复了交通。

在河西走廊的广大地区，为了充分地发展农业，国家在该地兴建了许多水利设施用于灌溉和饮用，一个西北粮仓、赛江南的黄金地带就这样逐步形成了。在民间广泛地流传着一句谚语："古凉州，甲天下。"可见凉州之地富甲天下，真正实现了"稻米流脂粟米白，公私仓廪俱丰实"。

农业的兴盛，刺激了人口的增长，加上河西走廊重要的商贸地位，使得这一地区快速成长起了一大批城市。而凉州则成了西北地区仅次于长安的最大城市，在丝绸之路上"通一线于广漠，控五郡之咽喉"，是隋唐以来中国与西亚诸国甚至更遥远的国家进行经济文化交流的重要交汇中转站，其繁荣程度甚至超过了古城敦煌，呈现出"河西都会，襟带西蕃，葱右诸国，商旅往来，无有停绝"的盛况，而且也孕育了一批文采风流的先贤人物，是一座文化名城。

农业的发达、商业的繁荣和城市的兴盛，极大地促进了手工业的发展，开元时期的手工业飞速发展至一个种类繁多、技术先进、规模庞大的新阶段。当时的手工业分为三类：官营手工业、私营手工业和家庭手工业。官营手工业为社会奉献质量优异的各类产品，私营手工业则注重产品的创新和技术的改进，而家庭手工业则产量最大，保证社会的需求。

手工业中的纺织业是最广泛和最必需的产业，其从业者遍布官营、私营、家庭的手工作坊。并且，纺织业是国家重要的财政赋税来源。其产品主要为丝或麻制作的布、绢、绝、纱、绫、罗、锦、绮、缣、褐等纺织品，由于棉花尚未推广种植，因此棉布织品并不普及。

除了上述纺织品，组、绶、绦、绳、缨等五大编织品和绅、线、弦、网等四大线结品也是纺织业中的重要种类，细致的分工正标志着技术的提高。当时定州、益州、扬州都以织造特种花纹的绫锦闻名。

唐代纺织业的发达从唐人的服饰上便可窥见一斑。唐代女性时尚的主要潮流是：服装样式由遮蔽而趋暴露，花纹由简单趋于复杂，风格由简朴趋于奢华，体型由清秀而趋丰腴。服装的面料也是相当讲究：绸裙、罗裙、纱裙、金缕裙、银泥裙等，让人眼花缭乱。传说唐中宗之女安乐公主的裙子用了各种奇禽的羽织成，正看为一色，侧看为一色，日中为一色，影中为一色，而且裙上呈现出百鸟的形态，可谓旷世罕见的奇美奢绝，证明了唐朝织纴技艺的高超。

与人们生活息息相关的另一种手工业——制瓷业在这一时期也得到了极大发展。唐朝主要出产的瓷器有青瓷、白瓷、黄瓷、褐瓷和黄、绿、白、赭、蓝五色交相辉映的唐三彩陶器。其中青瓷主要出产于越州窑和岳州窑，胎质细薄、釉色柔润、青莹可爱，被当时人称为"假玉"。而且当时的瓷窑不仅能烧制酒具、茶具、杯盘碗盏等形制简单的生活用具，还能烧制各类装饰品，甚至于细腻生动的瓷人，体现了高超的制瓷技艺。

白瓷主要出产于邢州窑，白瓷的烧制要求去除釉料中的铁元素，使其含量小于百分之零点七五，因此白瓷的出现和发展本身就代表着制瓷技术的发展，在当时，色泽白皙、形态优美的白瓷制品无疑是一件奢侈品。而且白瓷体薄釉润，光洁纯净，十分适合作为茶具使用。陆羽在《茶经》中称赞它："邢州瓷白，茶色红。"杜甫也怜爱有加地作诗云："大邑烧瓷轻且坚，叩如哀玉锦城传。君家白碗胜霜雪，急送茅斋也可怜。"

而唐朝最著名的陶瓷制品"唐三彩"，白地陶胎上，刷有无色釉，再用黄、绿、青三色加以装饰，多姿多彩、花团锦簇，可视为盛唐气象的一大写照。

东汉蔡伦的造纸术在唐代有了更大的发展。新型材料不断被发现，让纸的价格迅速下降，也让包括书籍在内的各种纸制品在社会生活中得到普及。

此外，当时的造船业、冶铸业、编织业、漆器业、造纸业、制笔业等诸种手工业都得到了长足的发展，生产出了技艺精湛、品质上佳的产品，丰富了社会文化和人们的生活。

到欧洲去赚钱

"边城暮雨雁飞低,芦笋初生渐欲齐。无数铃声遥过碛,应驮白练到安西。"唐人张籍的一首《凉州词》,描绘了凉州路上运输丝绸的景象:一串串飘荡在沙漠上的铃声,驮运货物的骆驼以及一行押运人员。在那广袤的大漠之中,头顶炎炎的烈日,脚踏飞扬的沙尘,一字排开保持前行的队伍,何等美妙的一幅场景,何等炫目的一幅水彩画。在此之中,与自然中的一切相比,人是渺小的,但能在如此的环境中,走出一条路,人又是伟大的。这条自西汉张骞出使西域而产生的路,在一行人的脚下不断延续着,一直伸向远方。

路的尽头,是那个让中国人为之自豪,令世界为之赞叹的唐朝都城——长安。在这个当时世界上最繁华的都市中,从外奴、艺人到家畜、野兽,从皮毛植物、香料、颜料到金银珠宝矿石金属,从器具牙角到武器书籍乐器,应有尽有。

好奇之心,无时代之分。在如此琳琅满目的奇异之物面前,上到帝王皇族、豪绅阔户，下至庶民百姓，无不以把玩这些异域之物为乐。无怪乎美国学者说："7世纪（中国）是一个崇尚外来物品的时代，当时追求各种各样的外国奢侈品和奇珍异宝的风气开始从宫廷传播开来，从而广泛地流行于一般的城市居民阶层之中。"

这条带来遥远国度奇珍异宝的路便是"丝绸之路"，"丝绸之路"一词源于西方。在西方人的心目中，中国自古盛产丝绸，中国的海外贸易也以丝绸最为有名，所以19世纪的德国地理学家李希托芬便把中国从陆上和海上通往西域的国际贸易通道统称为"丝绸之路"。之所以用丝绸来命名，只是一种形象的说法，在"丝绸之路"上流通的远不止于丝绸这一种物品，还有茶叶、瓷器等，甚至还包括文化、思想。

在李希托芬眼中，"丝绸之路"只是一个关于商路的统称。事实上，因为中国是丝绸的宗主国，大量的中国丝织品出口，多经长安西运，故后人称之为"古代丝绸之路"。而从陆路通往南亚、西亚以及欧洲、非洲的贸易通道，称为"陆上丝绸之路"；连接东西方的海上通道，称为"海上丝绸之路"。

自西汉时期便形成的"陆上丝绸之路"，在东汉时期陷入了半通半停的状态。唐朝的统治者在建立了大唐之后，再次将注意力放到了这条商路上。唐代初年，在攻灭西突厥后，丝绸之路再次畅通，当时阿拉伯、波斯以及其他西亚国家的商人，沿着这条道路来到中国，带来珍宝、玉石、香料等商品，再载运中国的丝绸、

内人双陆图 唐

瓷器等商品返回。天山南北道上出现商旅不绝的繁忙景象，"陆上丝绸之路"进入了它的黄金时代，形成了自汉以来东西陆路交通的极盛高潮。

敦煌，这个"丝绸之路"上的古城，也在这一时期，开始纳入了历史的视野。敦煌壁画中绘有在伎乐天伴奏下起舞的舞女的身姿，伎乐天们肤色各异，她们手持传自西域的乐器进行伴奏。这种西域的舞蹈也传入了长安，李白的诗中也有提及："胡姬貌如花，当垆笑春风，笑春风，舞罗衣，君今不醉将安归？"唐朝在国际上赢得了极高的声誉，"丝绸之路"备受各国商旅青睐，敦煌也随之成了当时闻名于世的一个古城。

但好景不长，随着"安史之乱"的爆发，唐朝驻守西疆的四镇边兵东调长安，一时西北边防空虚，吐蕃乘机占据河陇，回鹘南下控制阿尔泰山一带，大食加强了中亚河中地区的攻势，三种力量混战不已。从此，唐朝政府失去了对西域的控制，一时丝路上"道路梗绝，往来不通"，"陆上丝绸之路"由此中断，故而有"乘槎消息断，何处觅张骞"的哀叹。

那场令大唐由盛转衰的战争，割断了"陆上丝绸之路"。中外商业交通的重点，开始由西北陆路向东南沿海转移，从而成了"海上丝绸之路"的发展契机。扬州，在当时是与明州、泉州、广州齐名的海外贸易港口。李白有云："楼船跨海次扬州。"唐代居住在扬州的外国商人数量很多，这些外国商人大多数是沿着"海上丝绸之路"而来的。高僧鉴真在玄宗天宝年间东渡日本，在扬州市场上购买了许多商品以便携往,安息香、沉香、胡椒等香料产于南亚和西亚地区,都是通过船运抵扬州出售的。

"海上丝绸之路"弥补了"安史之乱"后唐朝孤立境地的不足,使这个中国历史上的极盛王朝再一次加入到世界的行列中。

第三章

诗文传世,绣口吐出的盛唐

唐传奇，大唐的传奇

文化最直观的反映便是文学，中国文学的发展，一直都是随着音韵的发展而发展，《诗经》是较早的文学代表作。后来相继出现了楚辞与汉赋的文学形式，一脉相承、薪火相传。魏晋南北朝时期，汉赋发生了巨大的变化，成了骈体文，这种贵族式的文字欣赏，四六字句交替出现的韵律形式，虽然格律优美，但是由于脱离了大众的欣赏品味而显得是阳春白雪，曲高和寡。

到了唐朝，这种骈体文再次发生了重大的变化，使得散文和短篇小说开始兴起。著名文学家韩愈就是坚决反对骈体文的代表人物，他大力主张恢复骈体文尚未兴盛之时的古文体裁，不讲韵律和对仗，直接抒发自己的心中所想。他的这种主张得到了广大文士的认可，使得散文这一文学形式兴盛起来，韩愈本人也获得了"文起八代之衰"的美誉。

小说这种文学体裁也在唐朝得到了发展和成熟，与明清时代的话本不同，唐朝的小说主要由文人以文言文的形式创作而成，这就是明确自觉进行小说创作的肇始之端——唐传奇。明代文学评论家胡应麟曾说："凡变异之谈，盛于六朝，然多是传录舛讹，未必尽设幻语，至唐人乃作意好奇，假小说以寄笔端。"正是说明了唐传奇的出现和成熟对于小说这种文学体裁的发展所起的至关重要的作用。

当然，每一个重大的社会现象的出现，都必然有其更为深刻的社会原因。除了经济繁荣带来的城市兴盛以及市民阶层的兴起的社会背景，唐传奇出现的另一个重要原因，是科举制度的兴盛。相对于后世而言，唐朝的科举制度是相对自由的，高官权贵和皇室宗亲在科考取士中发挥着很大的作用。许多应届举人，为了能够提前为自己铺好道路，往往会选择想方设法博取权贵的垂青。

其中就不乏生活在市井之中的庶族文人们，他们将社会上流传的士子、闺秀、商人、妓女、游侠、僧道的离奇故事收集起来，用文言文的方式写成辞藻华丽、构思精巧的文章，在考试之前呈送给自己干谒的官员贵族们鉴赏，自然更容易得到那些每天羁于枯燥乏味的政府公文之间案牍劳形的官员们的赞赏和青睐。

经过长时间的发展，唐代传奇不仅数量多，而且内容新颖、广泛，更贴近现实生活。上自帝王后妃的宫廷生活，统治集团内部为争权夺利而展开的斗争，下至妓女、士子的恋爱婚姻悲剧，乞儿、商贾羁旅行役的生活状况，无不写入唐人传奇中。传奇所描绘的生活面，几乎触及唐朝社会的各个角落。笔锋所向，既多揭露黑暗丑恶现象，也有对光明理想的追求。有些作品具有高度的文学价值，故而会有古代小说"至唐代为之一变"之说，唐代被看作是中国文言小说发展史上的第一个高峰。

唐传奇是我国古典小说发展史上的一个里程碑。唐代许多著名的文学家都写过传奇，这些文人借鉴《史记》《汉书》等史传散文和《大人先生传》《桃花源记》等文人作品的传记写法，同时汲取六朝志怪小说和稗官野史在情节处理、艺术构思上奇异新颖、富于变化的特点，创立了小说领域内的"始就一人一事，纡徐委备，详其始末"的传奇体。因而形成了结构严谨完整，波澜起伏，富于悬念的文学作品。

沈既济的《枕中记》是讽喻传奇的代表、袁郊的《红线传》是侠义传奇的代表、陈鸿的《东城父老传》是历史政治传奇的代表。与这些类型的传奇相比，以爱情婚姻为题材的传奇，才是当时影响最大、艺术成就最高、最精彩动人的一类。

爱情关系是人际关系中最耀眼的、最富戏剧性的一种，同时也是整个社会风气的缩影。爱情这个亘古不变的话题，无论在哪个朝代都是人们无法忘却的，正因如此，历朝历代关于爱情的文学作品都深深地烙上了时代的印迹，成为那个时代独特的见证。唐代的爱情传奇也不例外，后人能从中看到当时社会生活的方方面面，包括唐朝人的人生观、价值观和婚恋观等。

唐朝，是一个个性张扬的朝代，在这样的环境与氛围中，人们的生活自然多了几分自由与洒脱，少了几分约束与顾忌。在感情生活上，还没到宋明理学"三从四德"遍行天下的时期，加上唐朝是各方融合的朝代，因此，对于一些社会的伦理道德规范，人们并不过多地在意，甚至还以狎妓为荣，以风流自诩，杜牧就曾为"十年一觉扬州梦，赢得青楼薄幸名"而感到自豪。风流之事可遇而不可求，因此成了文人显示其才气、魄力与风度的一种手段，追求风流成了一种时尚。这些终日与笔为伴的文人，自然会将这种风流带入到他们的作品中，因而留下了很多的爱情传奇。

元稹的《会真记》（一说《莺莺传》）是唐代传奇中，文字最优美的一篇，而且据说这篇传奇是元稹自己的忏悔录。莺莺作为贵族的千金大小姐，最初对张生的态度也只是矜持和犹豫，但后来红娘将她送至张生处时，她还是将满腔的热情和爱都献给了张生。《虬髯客传》中，红拂是个胆识过人的女子，她本为杨素的侍姬，当见到李靖后，知道他是位胸怀大志的英雄，就乔装打扮成男子与其私奔。她坚持自由选择，为寻找自己倾慕的人无怨无悔。

此类动人的故事，数不胜数，这是李唐王朝兼收并蓄的政治思想、空前活跃的民族融合和开放宽松的社会氛围所带来的百姓之幸。但并非一切身在唐朝的人皆可如愿，也并非人人都能做到《诗经·郑风·褰裳》中所说的"子惠思我，褰裳涉溱。子不我思，岂无他人？"意即你爱慕我，就提起下装蹚溱河；你若无此心，难道就没有别人爱慕我了吗？

唐朝毕竟是一个封建王朝，传统的礼教思想、门阀制度等各种现实的力量，仍然会对追求自由婚恋的人们带来压力。爱情需要的是浪漫，对象要有才有色有情；婚姻需要的是现实，对象要有门有第有德行。即便是在自由恋爱的时代，许多人还要将爱情与婚姻区别开来，更何况是一千多年前的封建王朝！

面对爱情与婚姻，人们发现了无法解决的问题，但唐人是浪漫的，他们用一种浪漫的方式，"用美丽的理想去代替那不足的真实"。白居易的弟弟白行简所著的《李娃传》中，让李娃这名感情真挚的妓女成了豪门的媳妇，并被封为"汧国夫人"，不失为一种对现实生活的挑战。

青年男子不许擅自与少女交往，于是就大胆想象，邀请各种美丽的仙与妖，来自己的作品中"客串"一把。李朝威的《柳毅传》中，龙女加入进来，她在柳毅的帮助下，从丈夫和公婆的虐待中逃脱了，终与有情有义的柳毅结为夫妇；沈既济的《任氏传》中，狐仙参与其中，机智、勇敢、善良的狐仙具有中国传统女性的贤淑品德，为了维持永久的爱情，以死表明了对爱情的忠贞不渝。

当情人们面临无法解决的难题时，无须斗争，便会出现具有超凡本领的英雄，助其脱离苦海。薛调的《无双传》中，古押衙身为皇陵卫官，却破坏皇陵规矩，营救被贬至皇陵的宫女刘无双，使其得以与王仙客成亲；裴铏的《昆仑奴》中，磨勒从一品大官的魔窟中救出红绡，使她与有情人终成眷属。

在这个浪漫的时代里，唐人以各种各样的方式实践或者幻想着爱情的美梦，爱情传奇成了一种重要的工具。传奇不仅适用于爱情，还可遍及社会生活的各个领域，它与唐诗共同为后人展示唐朝的美。如老舍所说："唐朝犹如一位站在东方文化之中的美女。从唐诗，我们可以窥见她柔美胸中的美丽幻梦。"唐代的传奇则更接近于现实的生活，比较注意"对于人和人的生活环境做真实、不加粉饰的描写"，其描绘出的无疑是一幅唐朝的"清明上河图"，将唐朝的百态全部纳入其中，却无凌乱之感。这幅奇异的绚丽之图，是古代文学中至关重要的一环，也是后世戏曲、小说的重要源流。

大漠外，雄浑音

秋风萧瑟天气凉，草木摇落露为霜。
群燕辞旧鹄南翔，念君客游多思肠。
慊慊思归恋故乡，君何淹留寄他方？
贱妾茕茕守空房，忧来思君不能忘。
不觉泪下沾衣裳，援琴鸣弦发清商。
明月皎皎照我床，星汉西流夜未央。
牵牛织女遥相望，尔独何辜限河梁？

——曹丕《燕歌行》

闺中少妇独坐床沿，瑟瑟秋风凉透了心，挂在冰冷夜空里的皓月和她一样的孤独。心中的人远在边塞，何能不牵肠挂肚？思妇的泪随着曹丕的《燕歌行》流淌了四百多年，时时牵动着戍边将士们的心。东汉后，烽烟四起，青壮男人应征入伍。战争之惨烈，刀剑之无情让人看到了生命的脆弱。漫漫征途像一条孱弱的生命线，一端拉着家乡，一端伸向未知的明天。国势不强，军力萎靡，边塞的声音就这样低吟了几个世纪，少有悲壮激昂的吼啸。

胜败是每一个军人最关注的事情，自信靠不断的胜利来撑起。自东汉以来，西北大漠、北面草原部落就一直对中原大地平断侵扰，如今大唐一扫蔓延四个世纪的边塞颓势，雄浑之音方兴起，何等壮阔！

君不见，走马川行雪海边，平沙莽莽黄入天。
轮台九月风夜吼，一川碎石大如斗，随风满地石乱走。
匈奴草黄马正肥，金山西见烟尘飞，汉家大将西出师。
将军金甲夜不脱，半夜军行戈相拨，风头如刀面如割。
马毛带雪汗气蒸，五花连钱旋作冰，幕中草檄砚水凝。
虏骑闻之应胆慑，料知短兵不敢接，军师西门伫献捷。

——岑参《走马川行奉送出师西征》

同样是风沙雪雨、大漠狼烟，在不同时代的军人眼里，却是不一样的景致。在唐以前的军中文人眼里，它们是催生愁绪和失望的资本，少有能激起人傲视万物的情怀。正如著名文艺评论家所说："雪夜风吼、飞沙走石，这些边疆大漠中令人生畏的恶劣气候环境，在诗人印象中却成了衬托英雄气概的壮观景色，是一种值得欣赏的奇伟美。如没有积极进取的精神和克服困难的勇气，是很难产生这种感觉的，只有盛唐诗人，才能有此开朗胸襟和此种艺术感受。"此话一点都不假，唐朝边塞诗的创作者除了我们所熟知的高适、岑参、王昌龄、王之涣、李颀、崔颢等外，还有李白、杜甫、王维等。

边塞诗早在隋朝已经吹响了号角,到了大唐真正集结兴起。卢思道的《从军行》,何妥的《入塞》,杨广的《饮马长城窟行》《白马篇》《纪辽东》,杨素的《出塞二首》,薛道衡的《出塞二首》,王胄的《白马篇》《纪辽东二首》,虞世基《出塞二首》都吟咏出铿锵的味道。到了骆宾王、高适、岑参时期,读其作品,可以纵览金戈铁马,在雄浑的吟唱声中笑看沙场风云变幻。一场惨烈的战斗可以在豪放慷慨的格调里擂鼓而起,在最后一个休止符处又戛然而止,尘埃落定的血色余晖中,冲杀声依旧荡气回肠。

唐代边塞诗的数量和质量是前代所无法比拟的。唐以前,主要由历史散文、地理著作来承担反映边塞生活、边塞风光的任务,多以教科书般的感觉来书写军旅生活。到了盛唐时代,诗歌轻松地挑起了重任,但同时它也不排斥在字里行间畅诉儿女情怀,思妇愁肠和征途苦累反而使豪情满怀更加丰满、真实。

唐朝强大的边防和高度自信的时代风貌吹起了边塞诗这股新风。吴庚舜先生指出:"边塞诗的繁荣除了可用大家承认的唐诗繁荣的那些原因解释外,还有以下几点值得注意:盛唐时期国力强盛,当时'诗人视野广阔,精神振奋,边塞对他们很有吸引力,当时人热心从军和密切关心边塞,还有政治制度和英雄人物的影响'。""醉卧沙场君莫笑,古来征战几人回。"王翰的《凉州词》里更是体现出笑对生死的豪情。宋人严羽在《沧浪诗话·诗评》中说:"唐人好诗,多是征戍、迁谪、行旅、离别之作,往往能感动激发人意。"盛唐边塞诗中的豪情并非故作旷达,更不是空洞的豪言壮语，而是在面对艰险甚至死亡的情况下，仍然能一笑置之而无所畏惧。这种真正的洒脱与旷达，只有大唐才有。

唐朝的经济发展为边塞诗的繁荣提供了可能。社会经济的空前发展和社会财富的巨大增长，给世人最强烈的感受，他们认为自己生活在一个值得骄傲、强大无比的时代。虽说宋朝的经济也很发达，但在词作里就缺少了这种气派。大唐的军人们从心底里渴望冲锋陷阵，上前线杀敌。

在盛唐时代，边塞诗是人们共同关注的题材。有人是这样来描述这一盛况的："唐代的诗人们无论是著名的作家或不著名的作家，至少有一首边塞诗。而上自掌握国事的政治家，统率军队的武人，下至贩夫走卒，以及不知姓名的鄙人也会作一两首关于民族斗争的诗歌。"欣欣向荣的新气象下，人们对自己的国家和民族充满信心，为自己的国家和民族感到自豪。在这种内在的心理驱动下，人们就会向往着遍览各个地方，无论走到何处，内心深处都有一种自豪感，看到的都是美好的天地。

初唐以后，大唐在边境设都护府，增强了边庭的军事力量，不少诗人都曾去过边塞，甚至长期居留在边塞。由于边塞是保卫祖国的前哨，边塞生活本身又是如此丰富多样，因而边塞诗的盛行也就可想而知。一来，去过边塞的诗人欲写下他们的生活感受；再者，边塞诗更有为诗人普遍歌唱的价值和魅力。

军中诗人怀一腔热血，为正义、为保卫家国驰骋沙场，对于战争的描写，更多的是挥洒时代的豪情和自信。同时，诗人们也对由于征夫长期戍守边疆而造成的夫妇分离、由于征战频繁而造成的家庭破裂等不幸与痛苦，表现出巨大的关注与深切的同情。尤其太宗晚年的穷兵黩武使得边塞诗中出现了反对征伐的呼声，"万里长征人未还"是历代以来边疆战争的悲剧，唐代也不例外。

唐朝是中国历史上一个最意气风发的时代，边疆战争之频繁和战胜次数之多，在中国古代史上实为罕见。因此，只有唐朝才能诞生专门的边塞诗派，诞生像"年年战骨埋荒外"这样的诗句。而"大漠风尘日色昏，红旗半卷出辕门。前军夜战洮河北，已报生擒吐谷浑""青海长云暗雪山，孤城遥望玉门关。黄沙百战穿金甲，不破楼兰终不还""葡萄美酒夜光杯，欲饮琵琶马上催。醉卧沙场君莫笑，古来征战几人回？"这种的豪言壮语，则由于后世朝代偃武修文的风气，甚至成了古代史上中国人尚武精神的绝响。

李白：想做官又不想做官

李白，字太白，号青莲居士，贺知章称李白为"谪仙"，后人评之为"诗仙"。《新唐书》中记载他是李唐皇室的旁支后裔，其九世祖是凉武昭王李暠，因此他的祖籍也就是李唐皇室的籍贯陇西郡成纪县（今甘肃省平凉市静宁县南），出生于蜀郡绵州昌隆县（今四川省江油市青莲乡），一说李白是其父在被贬中亚西域的碎叶城（今吉尔吉斯斯坦的托克马克市）时所生，神龙元年（公元705年）才随父亲迁回绵州。

李白一生写下了无数脍炙人口的名作，至今传世的还有一千多首诗歌，其中《行路难》《梦游天姥吟留别》《蜀道难》《将进酒》等诗篇是其中的代表性著作，他的诗风雄奇豪放、浪漫瑰奇，与杜甫被后人并称"李杜"。

然而李白一生命途多舛。在宣歙观察使范传正所作的《唐左拾遗翰林学士李公新墓碑并序》中，对李白就进行过一番介绍："骐骥筋力成，意在万里外。历块一蹶，毙于空谷。惟余骏骨，价重千金。大鹏羽翼张，势欲摩穹昊。天风不来，海波不起。塌翅别岛，空留大名，人亦有之，故左拾遗、翰林学士李公之谓矣。公名白，字太白，其先陇西成纪人。"

李白虽然文采风流，雄浑瑰丽的诗句折服了无数当世人、后世人，然而他却并不满足于诗酒老此生，他的志向像大鹏鸟一样高远，有着安社稷、济苍生的强烈政治抱负。在他看来，自己手中的笔不应仅仅写作那些遣怀抒志的诗文，他的如椽大笔是要在江山的巨幅图卷上画出天下太平的盛景。所以他在《代寿山答孟少府移文书》中说自己："申管晏之谈，谋帝王之术，奋其智能，愿为辅弼，使寰区大定，海县靖一。"因此他始终没有停止对于功名的追求，数次进入长安结交官宦名流，结识了贺知章、李适之等人，后来还游历四方，遍访名山大川，以求进身之阶。

然而悲剧的是，似乎除了李白自己，所有人都明白他没有政治家的才能。唐玄宗虽然因欣赏李白的诗文和才华而授予官职，但也始终将他作为一位诗人而非政治家来对待，性格豪放不羁、政治敏感度极低的李白很快就被高力士和张垍排挤出了朝廷，而他并不明白自己不能在朝堂上一展抱负的真正原因，只是苦闷愤慨地写诗道："群沙秽明珠，众草凌孤芳。"

自少年时代开始，李白便饱读诗书，经常阅览和通读儒家经典、百家学说和古代的历史学名著。除此以外，李白还好剑术、轻财任侠、喜饮酒、喜游历。不管生活如何潦倒，李白始终怀揣着积极入世、为国家建立功勋的主导心态，这些积极思想在其诗歌中也多有体现。可惜的是，他青年时代在蜀中所作的诗歌现存已经很少，在《访戴天山道士不遇》《峨眉山月歌》等诗歌中，李白突出的才华已经开始向世人昭显。

开元十三年（公元725年），李白开始"仗剑去国，辞亲远游"。这一次，是李白第一次离开蜀中，这次离家，他将会游览江陵风物，泛舟洞庭湖，登庐山玩赏瀑布美景，下扬州享盛世繁华，然而在这漫长的旅途刚刚开始时，李白的心绪十分复杂，船沿着长江顺流而下，望着家乡离自己越来越远，李白的视线渐渐模糊。此去一别，便是良辰好景虚掷，不知道需要多久才能重新回到故土，也不知道自己的这番心绪，该与谁人说。但是李白相信，他的理想、他的抱负、他一生的追求，都在前方等着自己去逐步实现。

让李白没有想到的是，自己一出蜀中便遇到了心中敬仰已久的人，这个人就是江陵的道士司马承祯。司马承祯从少年时代就已笃学好道，后来拜嵩山道士潘师正为师，学习道教神仙之术，后来隐居于天台山玉霄峰，自号"天台白云子"。此人不仅道术精奇，而且雅善书法，尤其善于篆书和隶书，他的字自成一体，被称为"金剪刀书"，其诗作也仙风道骨、十分高妙。

武则天时期，司马承祯就因声名卓著而被召至京城并受到表彰；唐睿宗时又被召入宫中与睿宗谈论治国之道，受到睿宗的敬重和赏赐，离开京城时，作诗为他送行的公卿士大夫达百人之多。

唐玄宗在位时，又派人迎请司马承祯入宫，亲自授予法箓并赐予厚赏；几年以后又召他进京，并为他在王屋山修建了阳台观，还根据他的建议在恒山、华山、嵩山、泰山、衡山五岳各建真君祠一所。

李白是一个喜欢道术、喜欢游历名山寻仙问道之人，而且作了不少仙气灵动的游仙诗，他的游仙诗中往往透着沁入骨髓的高妙超俗的仙人气质。他的诗中没有普通人对仙界和仙人的崇敬和仙界高不可攀之感，在他的笔下，仙人们往往与他把臂同游、平起平坐，《神仙传》中的仙人卫叔卿会邀请他登云台（"邀我登云台，高揖卫叔卿"），天上的太白金星与他聊天畅谈，在天关前迎候请进（"太白与我语，为我开天关"），他还与仙人们结成好友，诗酒唱酬（"云间连下榻，天上接行杯"）。也正是因为如此，初读到李白诗作的贺知章会惊呼他为"谪仙人"。

不过这些与仙人往还酬酢的快意之事只发生在李白的想象世界中，在真实的世界中，他仍然只是一个普通人，所以无限向往神仙境界的李白一度十分痴迷寻仙访道，遍游名山大川寻访修仙之人。此时见到大名鼎鼎的道士司马承祯，不仅满足了他追求仙道的愿望，更可以通过结识这位数次入宫禁、交游遍京华的高人来获得入朝为官的捷径和博取皇帝青睐的机会，因此李白心中的激动实在是难以用语言表达。

和当时的士子一样，为了获取司马承祯的青睐和好感，李白照例将自己所写的诗文送给了司马承祯。一读之下，司马承祯大喜过望，李白的诗歌，实在是如神来之笔，天外飞仙，再一看李白此人，气宇轩昂、剑眉星目，十足一个神仙下凡。是故司马承祯在欣赏惊叹之余,还称赞李白"有仙风道骨,可与神游八极之表"。

得到了司马承祯如此高调的评价,李白顿时感到前途无限,"神游八极之表"这样一个不朽和永生的世界,是李白一生最大的追求。于是,李白最早一篇名震天下的文章横空出世,这就是《大鹏遇希有鸟赋》,这篇大赋现已不存,依据李白中年回忆,此赋表面上是写大鹏之庞大迅猛,实际上是彰显自己的才华,以大鹏自况,暗示自己将来也必定要有一番惊天地、泣鬼神的作为。也正是从江陵开始,李白的鹏程万里之路徐徐铺展开来。

辞别了司马承祯,李白沿着长江继续南下,计划一路途径岳阳,前往庐山。只可惜,在路过洞庭湖之时,发生了一件悲剧。李白离开家乡外出行游之时,并不是一个人,与他同行的还有蜀中才子吴指南,他们二人志趣相投,都喜欢游山玩水、对景吟诗,因此相约一起遍游天下的名山大川、风景佳物,在旅途中结下了深厚的友谊。

然而,也许是水土不服,也许是旅途疲惫,没过多久,吴指南就染了病,不过他们并没有因此放弃自己游遍天下的理想,于是李白一边悉心照顾吴指南,一边继续他们的旅途。到了洞庭湖畔,吴指南的病症突然加重,最终不治身亡,埋骨在了风景上佳的洞庭湖边。还有一种说法,认为吴指南是被人殴打致死,无论如何,李白这一次都受到了很大的打击,悲痛万分,号啕大哭,"泣尽继之以血"。就连路边的行人看见了,都忍不住会为之伤心落泪。

然而，游历天下的愿望还没有实现，李白不愿意就此放弃游历天下的理想，更希望替吴指南完成他们共同的愿望，于是将吴指南安葬在了洞庭湖边，继续向东行进。

李白买舟顺长江而下，到了历史名城江夏，游览了黄鹤楼、鹦鹉洲、赤壁、南浦等名胜古迹，黄鹤楼上李白遥望大江东流、汉阳城薄云蔼蔼、鹦鹉洲头芳草萋萋，于是诗兴澎湃，想在壁上题诗一首以记眼前盛景，不过却被同时代的诗人崔颢捷足先登，这就是那首著名的七言律诗《黄鹤楼》：

昔人已乘黄鹤去，此地空余黄鹤楼。
黄鹤一去不复返，白云千载空悠悠。
晴川历历汉阳树，芳草萋萋鹦鹉洲。
日暮乡关何处是，烟波江上使人愁。

李白看了，发现自己眼前所见、胸中所念，甚至未能言说的幽思全都已经被崔颢说尽了，于是只能长叹一声："眼前有景道不得，崔颢题诗在上头。"甘拜下风，搁笔而去。

离开江夏继续向东，不久便到了庐山，他在此地留下了传颂千古的名篇《望庐山瀑布水》二首：

其一
西登香炉峰，南见瀑布水。
挂流三百丈，喷壑数十里。

欻如飞电来，隐若白虹起。

初惊河汉落，半洒云天里。

仰观势转雄，壮哉造化功。

海风吹不断，江月照还空。

空中乱潈射，左右洗青壁；

飞珠散轻霞，流沫沸穹石。

而我乐名山，对之心益闲；

无论漱琼液，还得洗尘颜。

且谐宿所好，永愿辞人间。

其二

日照香炉生紫烟，遥看瀑布挂前川。

飞流直下三千尺，疑是银河落九天。

在游完庐山之后，李白继续向东方走去，一路上遍览长江两岸的胜迹美景，作出了无数的诗篇。不久，李白终于到达了六朝古都金陵，东有钟山龙盘，西有石头城虎踞，北有玄武湖郁郁碧水，南有秦淮河蜿蜒萦回，好一派壮伟江山、王都气概，李白抚今追昔，豪情顿生，感慨无限。

李白到达金陵时，正是开元盛世的一派繁荣，他在金陵城中纵情游赏、及时行乐，结交文士名流，赢遍才子之名，夜游秦淮河，享尽金陵女子的温柔，他的诗作也成为了秦淮河上最流行的曲目，被争相传唱。

来年春天，李白决定离开金陵继续自己的旅途，无数的朋友前来码头送行，当垆卖酒的金陵女儿取来新熟的春酒招待来客。有人请李白赋诗一首以为赠别，于是他曼声吟道：

> 风吹柳花满店香，吴姬压酒唤客尝。
> 金陵子弟来相送，欲行不行各尽觞。
> 请君试问东流水，别意与之谁短长。

尽管别意缠绵，然而李白的脚步不会因为对某个地方的留恋而停驻，他还有着更为精彩的前路。顺着长江往上，李白来到了闻名天下的扬州，当时的扬州物产丰茂、人杰地灵，李白曾对益州的繁华叹为观止，对金陵的王气也是感慨折服，但都不及到了扬州之后的那份惊艳。

当时，扬州是淮南道大都督府的所在地，又是国内国际贸易的重要交通枢纽，其繁荣富庶更超过了古都金陵，在这个世界上屈指可数的繁华都市扬州，李白和一起游玩的伴侣"系马垂杨下，衔杯大道边。天边看绿水，海上见青山"，流连忘返、乐不思蜀。游玩之余，李白还不忘干谒官员，并挑选自己沿途所作诗篇中的得意之作送给他们欣赏，期待能够得到赏识。然而此时官员们大多忙于准备和庆祝唐玄宗封禅泰山的典礼，根本无暇顾及这个充满幻想的诗人。

也许是因为壮志难酬的苦闷，在萧瑟凄清的秋天，李白病倒在了客店之中，一场突如其来的病痛，将李白折磨得消瘦如柴，遂心生伤感。都说人在病中会更加思念亲人，病得昏昏沉沉的李白望着天边的明月，用一首五言绝句抒发了自己的思乡之情：

> 床前明月光，疑是地上霜。
> 举头望明月，低头思故乡。

寻觅了这么多的地方，李白无非是想有机会能够建功立业，实现自己的功名大业。只可惜理想是美好的，现实却总是残酷的。李白报国无门、思乡万里，只能在远方友人的书信中寻求一些慰藉。

幸好李白的病情很快有了好转，他在能够下床之后，便迫不及待地离开了淮南，游过姑苏，又前往荆门。李白在这里住了三个月的时间，是他自出游以来，停驻时间最长的一处。一方面，李白准备在这里做一番巡游；另一方面，李白决心好好地整理一下思绪，回家固然是不可能的，因为功名大业尚未取得任何成就，但是不回去，又该去到何方呢？

这时候，李白想起了自己曾经对故友吴指南的承诺：将他的尸骨从洞庭湖边移到江夏（今湖北武昌）。于是，李白再次回到了洞庭湖，将吴指南的尸骨挖出来，去了江夏。

在李白早年人生最为失落的时候，李白认识了一个足以改变其命运的人，这个人就是僧行融。其实，僧行融不过是一个中间人，通过他的介绍，李白在安葬好吴指南、拜别僧行融之后，来到了襄阳拜会孟浩然，也正是在这个时候，李白写下了他的名作《赠孟浩然》：

吾爱孟夫子，风流天下闻。

红颜弃轩冕，白首卧松云。

醉月频中圣，迷花不事君。

高山安可仰，徒此揖清芬。

凭借这首五言律诗，李白获得了孟浩然的欣赏，二人结成了至交。孟浩然明白李白心中的理想，于是建议他去参加科举考试，博取功名，但是李白并不情愿走这条大多数士子博取功名的必经之路。于是，孟浩然推荐李白去安陆，到那里之后，隐居在小寿山的道观之中，静待时变。李白听取了孟浩然的建议，在隐居小寿山之时，一方面观察天下大势，随时准备找到机会，投身庙堂；另一方面，李白也常常结交官吏，以提高自己的声誉，为自己的将来铺路。

功夫不负有心人，李白很快就迎来了人生中的第一次转机。安陆许家是世代簪缨的名门望族，唐高宗时期的宰相许圉师就是安陆许家的人，他的父亲曾与唐高祖有同窗之谊，他的儿子也曾经在唐中宗时出任员外郎。

李白来到安陆时，许圉师早已去世，他的儿子也已辞官回家。经过孟浩然的介绍，许圉师之子看中了这位才华横溢的年轻人，便作主将自己的女儿许配给了李白。几经周转，李白于开元十五年（公元727年）与许氏成亲，入赘许家。

李白与许夫人的婚后生活虽然美满幸福，但李白并不是一个可以安逸于温柔乡中的人，于是他便以安州为根据地，以许氏豪门为背景，多次出游，并得以结识一些有识之士和官场权贵。多年的行游，虽然让李白的名声播传天下，却并没有为他的功名找到出路，按捺不住的李白终于决定前去面见大唐帝国的最高统治者唐玄宗。

死可以，浪漫范不能变

开元十八年（公元730年），李白离开安陆前往京城长安，并于盛夏时节抵达这座神往已久的城市。在庄重威严、繁华热闹、胡人客商络绎不绝的长安城中，李白游玩多日，兴味盎然，不过他此行还有更重要的任务。

当时的光禄卿许辅乾是李白的姻亲，如果排一排辈分，比李白还低了一辈。不过此时许辅乾已经是从三品的官员，虽然主要负责皇室的膳食，没有什么实权，不过毕竟在京城经营多年，举荐个人做官不成问题。于是李白的岳父给李白写了一封推荐信让他带在身上，到了长安就拿着信来找这位姻侄帮忙。

许辅乾很热心地给李白介绍了京城政局的情况，二人商议之后决定去拜访关系比较熟悉并且喜欢举荐贤士的右相张说。在丞相府，李白并没有见到张说，接待他的是张说的儿子，从三品卫尉卿、驸马都尉张垍。张垍将他的诗作送给了唐玄宗的妹妹玉真公主，为了博取玉真公主的欢心，李白刻意地称赞公主"何时人少室，王母应相逢"，意思便是说玉真公主是人间仙子，祝愿她能够早登仙界、位列仙班。但是举荐做官之事却石沉大海，杳无音讯。

不久，李白还认识了极为赏识自己的贺知章。一次，李白去紫极宫，竟然在那里巧遇了贺知章，此前，李白就拜读过贺知章的诗文，此番见了贺知章，连忙上前去拜见他，并将藏在袖子中的诗集拿了出来，让贺知章指点。一见之下，贺知章当即拍案叫绝，尤其是《蜀道难》和《乌栖曲》，更是让贺知章喜欢得不得了。于是，贺知章当即解下了衣服上的金龟，让人前去换来美酒与李白共饮。交谈之下，李白潇洒出尘的气度和惊世骇俗的言谈，让贺知章惊为天人，遂道："莫非你是那九天之上的太白金星，今日下凡而来？"李白粲然一笑，二人遂结成知交。

然而，一年时间很快便过去了，李白在长安混迹，却一直不得仕门而入，只好黯然地离开了长安。李白的离去，震动了整个京师，玉真公主和道士吴筠对李白的才华极为赏识，于是向唐玄宗极力推荐李白。得到了玉真公主和吴筠的引荐，唐玄宗终于下旨召李白入京。

李阳冰在《草堂集序》描述了这次相见："降辇步迎，如见绮皓"，"以七宝床赐食，御手调羹以饭之"，可见唐玄宗对李白的重视。以为自己多年志向一朝得偿的李白欣喜万分，但不久他就发现现实比他想象中的更加残酷。唐玄宗并不看好他的政治才能，根本不授予他掌握实权的官职，只是命他供奉翰林，陪侍皇帝左右，为皇帝与大臣、后妃之间的饮宴等活动赋诗纪念，做一个可有可无的文学侍从。

其实这个职位不需要很强的政治才能，但要求高超的文学才华，是一个十分适合李白的职位。但是李白自己并不这么想，他多年来一直满腔热血地想为江山社稷、黎民百姓做一番大事业，好不容易得到皇帝的赏识，却仍然无法大展拳脚。壮志难酬的李白十分苦闷，日日在长安市上的酒肆畅饮沉醉，甚至做出"天子呼来不上船，自称臣是酒中仙"的事来。

不时带醉入宫的李白狂态大发，甚至借机让唐玄宗宠信的大宦官高力士为自己脱靴。高力士在玄宗身边侍奉多年，不少王公贵族在他面前也要尊称一声"阿翁"，如今竟然被这个初入宫廷、眼高于顶的小子如此侮辱，高力士自然不能哑忍。

于是他借着玄宗命李白为杨贵妃献《清平调》三首新诗的时机对杨贵妃说："李白自来不太看得起娘娘，今天怎么会在诗中这么殷勤地称赞娘娘？"杨贵妃听了也觉得疑惑，反复低吟李白的三首诗，读到"借问汉宫谁得似，可怜飞燕倚新妆"一句时，高力士说："李白竟然用汉代的赵飞燕来比喻娘娘，这实在是侮辱啊！"杨贵妃觉得高力士说得很对，从此恨上了李白，屡次阻止玄宗授予李白官职。

可以想见，以李白藐视权贵的态度，绝不可能仅仅得罪高力士和杨贵妃二人，事实上京城大多数的权贵们一致厌憎李白，给他的升迁之路多加阻拦，甚至连曾经帮助他的张垍也在玄宗面前诋毁李白。

而在长安日久的李白也逐渐发现了潜藏在帝国内部深刻的危

机，这让李白的内心很压抑。豪爽的性格要求李白不吐不快，为了帝国的未来，李白有责任将心中的担心说出来。但是为了自己千辛万苦求来的前程，李白又只能缄默不言。一时之间，李白陷入了极度的矛盾之中，生出了遁世之心。

最后，李白对于自己的前途和国家的未来彻底失望，高呼着"安能摧眉折腰事权贵，使我不得开心颜"，决意离开长安。为狂放不羁、得罪人无数的李白头疼多时的唐玄宗，见李白要走，也就顺水推舟地赐给李白黄金厚赏，放他还乡去了。

天宝三载（公元744年）夏，李白背起了行囊，离开了长安，又开始了游历四方的生活。李白并没有因为自己失败的政治经历而改掉目中无人的狂傲脾气，一次李白前往华山游览，骑着毛驴一边走一边喝酒，醉眼惺忪地路过华阴县衙而没有按照规定下驴。华阴县令对这样公然的藐视行为十分愤怒，于是派人将李白带入衙门怒斥："你是什么人？怎么敢如此无礼！"

李白醉中瞥了县令一眼，哇啦地说：你别问我是谁，我"曾令龙巾拭吐，御手调羹，贵妃捧砚，力士脱靴。天子门前，尚容走马；华阴县里，不得骑驴？"一顶大帽子扣到县令头上，县令果然连忙告罪道歉。

天宝十四载（公元755年），安禄山反叛，隐藏在帝国内部的深层次矛盾终于彻底爆发。李白也开始了一段颠沛流离的中晚年生活，而他也再一次显示出他完全不懂政治的本质。当时永王李璘恰带着军队向东而来，邀请李白做他的幕僚，李白完全没有弄清楚永王起兵的目的，还以为他是要率军勤王、平定安史之乱，就欣然地答应下来,成为他的幕僚。

事实上,永王起兵虽然是奉了唐玄宗的旨意,但是太子李亨已经在灵武即位,是为唐肃宗,唐玄宗已经成了太上皇,永王此次起兵被肃宗视为"叛逆"而加以镇压。李白稀里糊涂地就成了"从逆",在永王兵败后被捕入狱,并被判处流放夜郎(今贵州桐梓)。

至德二年(公元757年)冬,心灰意冷的李白由浔阳道前往流放之所——夜郎,他知道,此去一别,便再也没有回来的机会。已届暮年的李白只能感叹,"夜郎万里道,西上令人老",闻者伤心,听者落泪。

谁知天无绝人之路,乾元二年(公元759年),李白跟随流放人员刚刚行至巫山,竟然遇到朝廷大赦天下,判死罪者改为流放,判流放及以下的人全部赦免。李白因此得到了自由,十分欢快地再次顺着长江南下。

到了江夏,在自己做太守的好友良宰那里逗留了一阵。不久之后,李白和好友一道,重游洞庭湖,此地桃花依旧,人面全非,惹得李白发思古之幽情,赋诗抒怀。接着,李白还重新游览了金陵、宣城等地,每到一地,李白几乎都依靠当地的好友旧识来接济自己。上元二年(公元761年),李白已经是花甲之年,加上重病缠身,只能留在金陵。生活窘迫的李白,不得已只能投奔在当涂做县令的族叔李阳冰。一年之后,李白终于重病不治,临终之时,将手稿交给了李阳冰,赋《临终歌》而与世长辞,享年六十一岁。

李白因为个人经历的传奇，加上其登峰造极的诗歌成就，成了许多人仰慕的风流人物。而关于李白之死，历来也是众说纷纭，莫衷一是。除了病重不治而死之外，醉死和溺死也是其死因的说法之一。《旧唐书》中，便记载李白"以饮酒过度，醉死于宣城"；而依据民间传说，李白则是因为在江上饮酒，酒过三巡之后醉眼蒙眬，一见水中之月，便纵身跳了下去，极大地迎合了他诗人的性格，极富浪漫主义色彩。或许在世人的眼中，很难接受像李白这样的不平凡之人，那样平凡地死去，于是为他创造了一个最浪漫的死法。

　　死去元知万事空，无论如何，李白都离去了。不管怎样，李白都成了大唐独具魅力的风流人物，是一个后人无法超越的高峰。

杜甫：想做官就是想做官

在唐代的历史上，有两个光耀千古的人物，他们不是决定国运走势的帝王将相，也不是富可敌国、翻云覆雨的巨商大贾，更不是捐躯赴国难、为大唐王朝开疆拓土的英雄豪杰，然而他们依旧永垂不朽，受万世敬仰，他们就是并称"李杜"的"诗仙"李白和"诗圣"杜甫。

杜甫，字子美，祖籍襄阳（今湖北襄阳）。他出生于书香世家，七岁之时，便开始学习写作诗歌。到了十五岁，杜甫之诗已经闻名乡里。杜甫对于诗文的专注和精通似乎可以从遗传的角度找到端倪，他的祖上有两个在文学史上大名鼎鼎的人物：十三世祖杜预和祖父杜审言。

杜预是三国魏晋时期著名的学者、政治家和军事家，他出生在曹魏政权下的高级官僚家庭，历任三国魏的尚书郎、河南尹、度支尚书、镇南大将军、当阳县侯，官至司隶校尉，参与统帅西晋军队消灭孙吴政权，他的女儿还做了晋成帝的皇后。他在文史

行吟图 明 程嘉燧

花徑不曾緣客掃
柴門今始為君開

杜甫詩意圖　清　王時敏

上的贡献就是为《左传》作注，著有《春秋左氏经传集解》及《春秋释例》等作品。

在政治方面，杜审言显然不如杜预那样显赫，然而杜审言在文学史上的地位却是杜预难以匹敌的，因为杜审言不仅与李峤、崔融、苏味道并称"文章四友"，更是唐代近体诗的奠基人之一。胡应麟在《诗薮》中称："初唐无七言律，五言亦未超然。二体之妙，杜审言实为首倡。"也就是说，杜审言是唐代律诗的首倡者，如果没有他，也许律诗这种影响深远的诗歌体裁的出现将会被推迟。

杜甫从他的祖父那里继承了文学方面的极高造诣，他的诗作被后人称为"诗史"，但遗憾的是在他的有生之年，其诗歌却并没有引起足够的重视。曾经杜甫在《戏为六绝句（其二）》一诗中这样写"初唐四杰"："王杨卢骆当时体，轻薄为文哂未休；尔曹身与名俱灭，不废江河万古流。"其中除了说明自己的雄心壮志之外，也抒发了自己郁郁不得志的愤懑。

在三十五岁之前，杜甫可谓"放荡齐赵间，裘马颇清狂"。家庭还算富有殷实，国家也正值开元盛世，杜甫自然是意气风发，为生在这个盛世而欢欣鼓舞。二十岁那年，杜甫离开了自己的家乡，和李白一样，去漫游吴越地区。读万卷书，不如行万里路，杜甫经历了五年的游历，自信见识广博，文采斐然。但是他尚无功名在身，而许多同龄人早已经官至州府长官了，于是，杜甫决意回到洛阳参加科举考试，以博取个一官半职。只可惜，天不从人愿，杜甫这次精心准备的科举考试，最终还是名落孙山。

天宝三载（公元744年），科场失意的杜甫在洛阳遇到了政治失意、被赐金放还的李白。李白比杜甫年长十余岁，虽然政治上并不得志，但也是诗名满天下，并且曾经出入宫廷，得到皇帝的赏识，对于此时落魄的杜甫来说，是一个仰望崇敬的榜样。在李白的面前，杜甫毫不掩饰自己的敬仰之情，而李白对杜甫，也是一副相见恨晚的样子，没有半点倨傲。于是，二人结交为友，并且还相邀到了秋天，同游梁宋（今开封商丘一带），求取仙家道术。

在梁宋的会面中，李杜二人欣赏了大唐的大好河山，还借景抒情作了不少诗篇。在他们的眼中，整个天下都在自己的笔下，更在自己的心中。更让人高兴的是，在这里，他们还遇到了著名诗人高适，三人结伴同行，畅饮抒怀，大谈国家大势，纵横捭阖、睥睨天下，对于国家的未来以及潜藏在平静的繁华背后的隐患危机，三人也交流了自己的看法和忧虑。

在辞别了李白和高适之后，杜甫决定再去参加一次科举考试，然而怀着极大期望的杜甫再一次失望了。在奸相李林甫的阴谋之下，有才华的士子纷纷落榜，杜甫也未能幸免。科举考试的屡次失败，朝堂权臣的一手遮天，使杜甫生出了退隐之心。然而隐居并不是轻易能够做到的，必须有足够的经济基础做后盾，才能保障退隐后的生活。而杜甫落榜之后困居长安，一贫如洗，甚至于"衣不盖体，常寄食于人，窃恐转死沟壑"，显然并不具备隐居的条件，而且与李白相似，杜甫也怀着一腔报国的热忱，终究不愿意放下一切独善其身。

走投无路的杜甫不得不走上了自己深以为耻的道路，"朝扣富儿门，暮随肥马尘，残杯与冷炙，到处潜悲辛"，他到处干谒官员，献上自己的诗作请求举荐。正是在这一时期，杜甫写作了《兵车行》《丽人行》等针砭时弊、讽刺权贵的诗篇。

天宝十载（公元751年），朝廷在唐玄宗的倡导下，一连三次召开了王朝建立以来最为盛大的典礼，以彰显唐王朝的强大国力，展示唐玄宗的文治武功。杜甫因此得到机会直接向玄宗献上三大礼赋：《朝献太清宫赋》《朝享太庙赋》《有事于南郊赋》。杜甫的文采终于打动了唐玄宗，唐玄宗让他进入集贤院，然而并没有及时授予官职。

四年以后，杜甫才得到一个河西尉的小官，但是杜甫"不作河西尉，凄凉为折腰"，于是就被改授为右卫率府兵曹参军，负责看守兵甲仗器，库府锁匙。虽然官不大，但是毕竟让他看到了希望，同时还解决了他迫在眉睫的生计问题。

好景不长，杜甫当上官以后没有多久，安史之乱就爆发了，杜甫只能阔别他生活了十年的长安，安顿好家人后，杜甫决定前去投效掌握实权的唐肃宗。一首《哀江头》，就是在杜甫知晓了大唐官军一败再败的消息之后，挥泪写下的，诗中淋漓尽致地展现了杜甫对于国家沦丧、家破人亡的深刻忧思。后来，杜甫还写下了《月夜》《春望》，深刻再现了当时朝廷腐败无能，政治上的黑暗导致军事上溃败的事实。

很不幸，在半路上，杜甫被叛军所俘虏，叛军之中有一些将领是杜甫昔日的旧识，于是杜甫得以逃出生天。几经周转，杜甫最终逃到了凤翔，也就是唐肃宗的行宫所在。正在用人之际的唐肃宗看到忠心耿耿来投奔自己的杜甫，很慷慨地下旨授其为左拾遗。

然而杜甫似乎遭遇了与李白相似的命运，在乱世，官员不仅要有才能，更必须要懂得明哲保身。但是杜甫却是坚持气节，敢于挺身而出、犯颜直谏之人，不久以后，杜甫就因为替他的朋友房琯说情而触怒了肃宗，被贬为华州司功参军。杜甫与房琯相识于寒微之时，二人交情很深，安史之乱爆发后，房琯被唐玄宗派往灵武颁布传位给太子李亨的诏书，之后就留下来辅佐肃宗，并被任命为宰相。

一次，叛军来犯，房琯根据春秋时代的战例向唐肃宗献火牛计，谁知竟然导致唐军惨败。为了避免动摇军心导致人心浮动，肃宗放过了房琯没有追究，可是不久以后，有人抓住房琯府上深得信任的琴师董兰庭贪赃枉法的事由，上书弹劾房琯。于是肃宗便借此机会，打算将房琯罢相。

杜甫任职左拾遗，本就有向皇帝谏言的职责，何况房琯又是他的好友，而且此次又是受到董兰庭的牵连，并非他自己有何违法行径。于是他上书皇帝坚称："罪细，不宜免大臣。"肃宗大怒，要将杜甫下狱治罪，多亏宰相张镐提醒皇帝："甫若抵罪，绝言者路。"杜甫才免遭大难，只遭到了贬官的处分。

杜甫就这样被赶出了朝廷，费尽九牛二虎之力才得来的仕途也随之烟消云散，在前往华州的路上，杜甫见识了"流血涂野草，豺狼尽冠缨"的惨象，进一步体会了世态炎凉、人间百态，写就了《石壕吏》《新安吏》《潼关吏》《新婚别》《无家别》《垂老别》

等不朽的著作。"三吏","三别"代表了杜甫诗歌的最高成就，也代表了整个唐王朝从盛世到衰落的转折点。兴，百姓苦，亡，百姓苦，杜甫作为百姓的代言人，也作为唐王朝由盛转衰的亲历者，他的心情无疑是沉闷的，其诗歌的风格也是沉郁的。

杜甫在创作出伟大诗篇的同时，也随着官军四处征战，希望有朝一日，能够攻灭叛军，还大唐一个国泰民安。只是，杜甫担心：即使唐肃宗平定了叛乱，天下还会重返太平盛世吗？然而不管怎样，杜甫都会全力襄助官军，早日打败叛军。只可惜，谋事在人，成事在天，官军始终不能彻底剿灭叛军烽火。就在相州一役中，官军再度大败，整个关辅都是饿殍遍野。杜甫发现，这场战争似乎没有尽头，而如同自己这样的人，只能被别人充作毫无意义的炮灰。与其坐以待毙，不如找准机会，逃离这无涯的苦海。

于是，杜甫放弃了官职，带着家人，从秦州、同谷一线，最终到了蜀中益州。应该说，杜甫这次做了一个明智的决定，他在益州过了一段很安定的生活。然而好景不长，不久之后，蜀中的军队也爆发了叛乱。原来，负责镇守蜀中的严武去了朝廷，蜀中矛盾激化，外加无人镇守，遂爆发了这次暴乱。无奈之下，杜甫只能离开益州，去了梓州、阆州。

后来，严武做了剑南节度使，被皇帝派遣到益州镇守蜀中，杜甫大喜，遂举家回到了蜀中，投奔了严武。然而，这一次的安定生活依然没有持续多久。随着严武的去世，杜甫只能再度流落他乡，在此前，他刚刚经历了白发人送黑发人的悲痛，此时已经是风烛残年。在流离失所、漂泊无依的日子里，杜甫在夔州住了两年，继而又漂流到湖北、湖南一带。也正是在这一阶段，杜甫写下了《春夜喜雨》《茅屋为秋风所破歌》《蜀相》《闻官军收河南河北》《登高》《登岳阳楼》等大量名作。

不久之后，杜甫死在了湘江边上，如一朵飘落的花瓣，默默无闻逐水而去。杜甫永远离开了让他又爱又恨的世界，但是他的诗歌却永久地流传了下来。到了今天，盛唐诗歌，代表了一个时代的崛起，也代表了一座无法超越的高峰。从现在的历史文献中看，唐王朝的诗人二千三百余人，留下的诗有四万八千九百余首，正是这些诗人诗作成就了中国文学史上最为辉煌的时代。

第四章

八方来朝，旷世画卷传宇内

兼容并包是一种气度

贞观四年（公元630年），唐灭突厥之后，大批突厥人入居唐朝，"其酋首至者，皆拜为将军、中郎将等官，布列朝廷，五品以上百余人，因而入居长安者数千家"。他们的到来，带来了其根深蒂固的生活习俗，也包括其居室文化。突厥的可汗颉利被安置在太仆寺内，"颉利不室处，常设穹庐廷中"，在皇城内张设起了毡帐，无疑这是被唐朝的统治者及其民众所接受的一种行为。

不仅如此，突厥文化对唐朝的皇室生活也产生了重大影响，唐太宗李世民的太子李承乾便深受这种文化的影响，是个极端崇尚突厥生活方式的人。这个皇位的继承人堂而皇之地在皇宫中设起了毡帐，并经常居于其中，使突厥的居室文化迅速地传播到民间，并成为一种流行与时尚。

身处这个突厥文化大行其道的时代，白居易用他的诗让后人见识到了毡帐的魅力。唐文宗太和三年（公元829年），白居易告老还乡，回到洛阳。在洛阳的旧宅院内，他张设了一顶青毡帐，度过了人生最后的十八个年头。"赖有青毡帐，风前自张设"（《别毡帐火炉》）、"碧毡帐上正飘雪，红火炉前初炷灯"（《夜招晦叔》）、"帐小青毡暖，杯香绿蚁新"（《雪夜对酒招客》）……青毡帐、红炉火，点亮了白居易人生最后的时光。

在这个包容性无比强大的国家中，还有来自世界各地的众多异族文化。那些跋山涉水而来的外国友人，大多都是通过官方途径进入唐朝的，他们有些是王室成员甚至是国王本人，有些是身居高位的外交使臣，有些是打着使节旗号的商人，还有些是作为物品贡献给唐朝的各色伎艺人或奴婢……他们的到来为唐朝的文化注入了许多新鲜的血液，使之更加新颖、多样。

外来的僧侣们大多携经而来，与出生在唐朝的外国人后裔和居住在唐朝的外国居士，共同从事译经工作，为唐代的宗教文化增添了新的内容；来唐的音乐歌舞艺人们，带来了他们各自国家与民族的艺术作品，在唐朝这个大熔炉里，迅速与唐朝的艺术融为一体，那种兼具中原色彩与异域风情的艺术，成了中国艺术史上璀璨的明珠；来唐的百戏艺人们，凭借独具特色的容貌与外形，加上惊险刺激的杂技与幻术，不仅在民间深受欢迎，就连屡次出文禁止百戏的统治者也极为欣赏，这就为唐代的民间文化加入了新的元素……

科技文化的输入，也是外来文化与唐朝文化融合非常重要的一个方面，其中以医药和天文历算最为突出。唐朝统治者不仅屡次派遣专人前往海外采访异药，还对外来医药的性能深信不疑。外来药物、医生、医术和医学著作等都大量涌入唐朝境内，大大丰富了中国古代医学宝库的内容。唐代天文历算深受印度和波斯的影响，多种天文学著作都在此时传入中国，而且与中国固有的传统文化结合在了一起。

唐朝的统治者与其他朝代的帝王相比更具好奇心，虽然他们极力掩饰自己对于"新奇之物"的喜好，但那些在当时流入中原的事物使其喜爱之意无所遁形。

极具神奇色彩的兽中之王——西来的狮子开始与东方的神兽龙相提并论；作为衡量武力强弱的重要指标，唐朝主动到西域的大食国购求良马；唐代绘画中出现的白鹦鹉，也与杨贵妃联系在了一起；补中益气、止咳祛痰，来自于波斯的枣椰树，成功地移植到了唐朝的土地上；可用作芳香制剂的水仙与茉莉，引起了唐朝人的极大兴趣；利五脏、通肠胃，最初起源于波斯的菠菜，也作为蔬菜的一种进入了唐代人的生活……

唐朝时的中国文化，如同一块巨大的海绵，吸收着来自世界各地的文明。同时，唐朝也是当时世界最大的文明聚集地，源源不断地向世界各地输出文化。无论是一衣带水的近邻，还是远隔万里的异域，至今为止都还留有唐朝文化的影子。"赤县扶桑，一衣带水，一苇可航。昔鉴真盲目，浮游东海。晁衡负笈，埋骨盛唐。情比肚肠，形同唇齿，文化交流有耿光。堪回首，两千年友谊，不寻常。"源源不断到来的遣唐使们最大限度地汲取唐文化的精髓。三省六部制、均田制都曾是日本确定政治制度的依据与蓝本，儒家的经典也曾是日本教育的主要内容，8世纪日本的平城京与平安京便是依照唐朝长安城的样子兴建的……思想、制度、艺术、历法、建筑、风俗等方面，日本都受到了唐朝文化的全面影响，甚至在一定程度上，可以说是模仿。

与日本类似的还有新罗。在唐朝的外国留学生中，新罗的人数最多，他们回国后，依据唐朝的法制，改革了本国的礼仪和法律，设立科举制；他们广泛研究中国的天文、历法、医学、文史典籍等；他们在与唐朝的贸易过程中，不断输入丝绸、茶叶、绣物、陶瓷、药材、书籍等，其生活习惯与风俗也受到了唐朝的影响。

当时世界上的很多地方，都有丝绸、陶瓷、纸张和唐朝服饰的影子。而唐朝也随处可见不远万里运来的新奇物品，随处可以欣赏外来的音乐舞蹈表演，随处可见颇具异域风情的建筑与衣着。唐朝给世界各地留下了美丽的回忆，世界也给唐朝增添了动人的旋律，文化的交流让中国与世界都获益匪浅。

中国历史上，如此盛大的文化交流，唯唐朝而已，这是一种自豪，也是一种大度。它以自身拥有完备的文化体系而自豪，它也谦虚地接受外来文化以显大度，这是一种穿越了几千年都不曾再有过的完美结合，也是一种跨越了千年未曾消失的厚重积淀。

鉴真东渡不容易

唐朝僧人鉴真，生于垂拱四年（公元688年），俗姓淳于，据说是战国时齐国名士淳于髡的后代，出生在扬州江阳县（今江苏扬州），是律宗南山宗传人，同时也是日本佛教律宗开山祖师。日本人民称鉴真为"天平之甍"，其意指鉴真所代表的一段文化史是天平时代文化的屋脊（意为高峰）。

唐代扬州是国内南北交通的枢纽，也是重要的海路对外贸易港口，居住着大量的外国商人。生长在这样一个繁华的国际化大都市中的鉴真，在各种外来文化的熏陶之下，自然而然地养成了广阔的眼界和开放的气度。

而扬州自从六朝以来就是佛教盛行的城市，到了唐朝更是中外高僧云集之地，三四十所佛寺遍布城市内外。鉴真的父亲是个虔诚的居士，经常到大云寺参禅拜佛，并随大云寺智满禅师受戒，因而，鉴真的家庭充满着浓厚的佛教气氛。在家庭的影响下，鉴真在幼年之时便对佛教产生了浓厚兴趣，用当时评价鉴真的话说，就是"总丱俊明，器度宏博"。

武则天长安二年（公元702年），十四岁的鉴真"随父入寺，见佛像感动心，因请父求出家，父奇其志，许焉"。但是当时出家并不容易，需要通过正规的国家考试，才能得到政府颁发的度牒，幸运的是前一年武则天曾经下诏让各地官府招募人剃度为僧，于是鉴真就顺利地在大云寺出了家，做了智满座下的沙弥。

大云寺是古时候的名寺，原名长乐寺，武则天统治时期为了向天下人宣传讲述女子做国王故事的《大云经》和神化武则天的《大云经疏》，下令在天下各州兴修三百余所大云寺，于是长乐寺也随之改名为大云寺。武则天去世后唐中宗李显复位，大云寺又改名为龙兴寺，后来开元年间又被改称开元寺，虽然被迫多次改名，但大云寺仍然始终是扬州最大最有名的寺院。

在这样的良好环境之下，鉴真努力地学习佛法，并且很快就小有成就，三年之后鉴真就得以依道岸律师受了菩萨戒。鉴真出游洛阳，不久又去了长安游历，并且在长安最著名的佛寺之一实际寺研修佛法。景龙二年（公元708年）三月二十八日，鉴真依当时在长安担任宫廷授戒师的荆州玉泉寺高僧弘景律师受了僧侣的最高戒律具足戒，并跟从他学习了一段时间。

也正是这段时间，鉴真在帝国的首都长安，不仅增长了见识，还提高了佛学修养，并且跟随不少律宗高僧精研律藏经典，成为了造诣精深的僧人。

开元元年（公元713年），鉴真已经二十六岁了，在长安、洛阳一带学习之后，回到了扬州大明寺（今法净寺）。此后，鉴真经常从事宣扬佛文化、布施布道等相关事务，更经常免费为当地人治疗疾病，如此，他的名声与日俱增。

开元二十一年（公元733年），为鉴真授菩萨戒的道岸律师的弟子、授戒师义威圆寂，自此之后，鉴真成了这一地区无可争议的"宗首"，成为新一任的授戒大师。此时，经过鉴真传戒的门徒达四万多人，在江北淮南地区，鉴真被誉为"独秀无伦，道俗归心"的得道高僧。然而，鉴真并没有满足于现状，一个更大胆的计划在鉴真的心中产生了——东渡日本传教。

中日两国的联系源远流长，根据民间传说，日本人是秦朝时出海寻求长生不老药的徐福等人的后代。事实上，至少西汉时期两国就有了联系，班固的《汉书·地理志》中就有了对日本的记载，称"乐浪海中有倭人，分为百余国，以岁时来献见云"，日本还曾出土过汉朝皇帝授予的"汉委（倭）奴国王"金印。然而那时中日的交流主要还是以朝鲜半岛为媒介的间接交流。

到了隋唐时期，中国国家强大、制度发达、经济繁荣、文化昌盛，深深吸引着日本人的眼球。面对博大精深的中国文明，他们再也无法忍受坐等从朝鲜半岛缓慢地、少量地、零散地传来的中国的信息和典籍，于是遣隋使和遣唐使便大量涌现了。中国先进的文化和制度通过遣隋使和遣唐使传回日本，催生了日本从政治、经济、社会等各个方面高度模仿中国的"大化改新"。

虽然"大化改新"完善了日本的国家制度，促进了日本的社会发展，奠定了其发展方向，但是由于国情的不同，勉强推行一些并不完全适合日本的中国制度反而给日本带来了麻烦，其中就包括中国的租庸调制度。

在人多地少、土地贫瘠的日本，百姓不仅要一年四季耕田务农，还要经常被政府抽调去服兵役。现实的残酷导致日本民不聊生，走投无路的百姓们不是"逃亡他所"，就是"寂居寺家"。

比起唐朝，在日本出家为僧更加容易，而且唐朝僧人受戒需要三师七证，而在日本只需要一个授戒的大师就可以了。关键是要自认为条件成熟，并且自己发誓出家受戒。所以从某种程度上说，日本僧人实际上是"自度""私度"为僧。日本奈良天平时期，百姓更加困苦，为了"规避课役"，"动以千计"的农民选择入寺为僧，这样一来，他们就不必再负担政府赋税。

然而如何处理佛教问题，对于政府来说却成了一个两难的问题。一方面，寺院势力的过分增长，不仅会减少政府的财政收入，而且会对政府的统治造成威胁。另一方面，宣扬佛教，可以教化人民服从政府统治，也可以利用僧人去打击世俗豪强地主势力，以加强中央集权。在这两难之间，政府一直无法找到很好的控制佛教、利用佛教的方法。

随着遣唐使学问僧进入唐朝，找到了日本政府失败的根源：唐朝政府控制度牒的发放，以此控制免于国家赋税徭役的僧人的数量和素质，并且靠这些少而精的僧人来向百姓弘扬佛法，这样国家就能够得到既交纳赋税服徭役而又受佛法教化温驯服从的百姓了。日本的问题在于政府没有有效地控制僧人剃度，不仅很多人以出家作为逃避赋税徭役的途径，而且造成了僧人素质良莠不齐，败坏了佛教的声誉。

于是他们建议政府仿照唐朝施行的佛教徒受戒制度,这就需要得道高僧主持。然而,要找到合乎标准的佛学大师,对日本而言并不容易,所以他们便派出了遣唐使,请求唐朝给他们派遣一些德高望重的高僧。

日本天平四年,即唐开元二十年(公元732年),政府开始在民间招募僧人去唐朝。此时,日本最负盛名的僧人便是隆尊和尚,他向政府推荐了自己最得意的两个门生,有"跨海学唐朝之志"的青年和尚荣睿、普照。日本政府欣然同意了隆尊和尚的请求,荣睿、普照也多次随遣唐使去唐朝。

荣睿和普照在扬州大明寺拜访了已经闻名天下的鉴真,向他问及如何在日本有效地弘扬佛法。鉴真认为,日本虽然早就有了佛教佛法,却无正规的剃度制度和手续,更缺少著名的授戒名僧。听完鉴真的论述,荣睿、普照二人都觉得很有道理,遂向鉴真请求,希望他能够去日本弘扬佛法,讲经布道。

然而东渡日本谈何容易,用鉴真弟子祥彦劝阻他的话来说,就是"彼国太远,性命难存,沧海淼漫,百无一至"。首先,在没有指南针的时代,远航的船只常常会在大海上迷失方向。其次,海上变幻莫测的季风也给航行带来了很大的阻碍,轻则偏离航线,重则船毁人亡。无数日本派往中国的遣唐使尚未到达梦想中的彼岸便葬身海底,而著名的和尚义向、道福、圆载等也先后在遣唐和归途中为风涛吞没。鉴于渡海前往日本的危险性太大,为了保证国民的生命财产安全,唐朝政府规定如果要去日本,就必须事先征得政府的允许,否则将面临严厉的法律制裁。

但是弘扬佛法、普度众生是鉴真作为一名僧人毕生的追求，他向门人坚定地说："是为法事也，何惜身命？"于是本来并不希望鉴真前往日本的弟子们被鉴真说服了，祥彦、思托等二十一人当即向鉴真表示，愿意和鉴真一起前去日本。

下定决心之后，想要真正地前往日本也并不是那么容易的事情。首先，鉴真需要取得"护照签证"，也就是当时所称的"过所"。其次，鉴真还要为出海远航准备足够的物资以及能够进行海上航行的船只和船员。经过多番努力，一切终于准备妥当，就在他们准备出发之时，一个谁也没有想到的意外发生了。

僧如海与帮助鉴真筹备出海事宜的道航发生了冲突，一怒之下竟然向扬州采访使官厅诬告道航勾连日本人荣睿、普照，准备攻击扬州，劫掠财物。采访使班景倩大惊，当即派人去各寺搜查，并逮捕了道航、荣睿、普照等人。幸好道航有当朝宰相李林甫的哥哥李林宗的介绍信，经过一番解释，他们才得以免罪。但是此次出海计划也只能就此夭折了。

虽然首战失败，但是鉴真前去日本弘法的决心却一点也没有动摇。之后的二十余年间，鉴真又四次筹备出海，但都因为在海上遇到大风浪而遭遇失败，严重时甚至在海上迷失方向，险些丢了性命。

第五次东渡失败之后，东渡活动的主持者日本僧人荣睿，因为积劳成疾在端州辞世，另一位日本僧人普照也对东渡失去希望，选择了离开鉴真北去。在重重的打击之下，鉴真身心疲惫，眼前也逐渐模糊了起来，虽然寻遍了名医，却没有见到好转。然而，厄运还远远没有结束，不久之后，最支持鉴真东渡大业，也是鉴真得意弟子的祥彦又因病去世。

东渡日本之事屡次遭受失败，甚至大多数人都开始认为鉴真一行人此生不可能到达日本了，然而鉴真有一颗比大多数人都执着的心，即使命运百般刁难，他也一直不改自己的雄心壮志。

天宝十载（公元751年），鉴真再次开始着手准备第六次东渡，他感觉到，似乎成功就在前方，也感觉到，如果这次还不成功，或许自己就没有机会再次进行尝试了。这一次，鉴真只能孤注一掷。

天宝十一载（公元752年），日本第十次派出了遣唐使团队，其队长便是藤原清河。他早已经听说了鉴真的事迹，对于鉴真高尚的德操和坚忍不拔的精神，十分崇敬。

回日本之时，藤原清河路过了扬州，前往延光寺拜访鉴真。在此之前，藤原清河已经向唐玄宗建议，邀请鉴真和自己一起前去日本，却被唐玄宗拒绝了。藤原清河只能亲自来找鉴真，代表自己的国家向鉴真发出邀请，请他到日本去传授戒律。鉴真当然愿意一起过去，经过商量，藤原清河和鉴真决定于天宝十二载（公元753年）十月十九日出海前往日本。

此时鉴真双目已经彻底失明，三餐起居只能依赖他在扬州的弟子，这一次日本藤原清河的到来，引起了僧众们和当地官府的警觉，他们都害怕这位德高望重的高僧会为了看起来毫无成功希望的事情葬身大海，因此一直严密地看护鉴真，"防护甚固，无由进发"。

原定十九日出发的计划转瞬及至，鉴真还能够和藤原清河去日本吗？山重水复疑无路，柳暗花明又一村，正在鉴真心忧不已之时，婺州（浙江金华）的僧人仁干给鉴真出了个主意，找来船只泊在扬子江边，鉴真只需从寺中出来，到达江边，他就可以载着鉴真离开扬州，到黄泗浦（今张家港西北长江之滨）搭乘日本遣唐使的船前往日本。

鉴真到扬子江边准备上船时，有二十四位沙弥闻讯赶来，他们眼含热泪地对鉴真说："大和尚今向海东，重觐无由我，今者最后请予结缘。"在离开祖国之前，鉴真最后一次为中国的僧人授了沙弥戒。

似乎是上天有意要成全这个饱经忧患的老人，这一次的旅程十分顺利。眼看着就要到达目的地，一场突如其来的灾难爆发了：正当船队继续朝着日本本土航行之时，海上突然刮起了巨大的南风，第一号船很快便沉没了，船上的船员不管水性如何，都无一幸免。幸好鉴真所乘的第二号船平安到达了萨摩国阿多郡秋妻屋浦（今日本鹿儿岛川边郡坊津町秋目）。经过四十多天的风风雨雨，颠沛流离，鉴真一行终于到达日本九州的太宰府（今日本福冈）。

纵观鉴真的东渡历程，前后十二年，鉴真经历了六次启行，五次失败，航海三次，几经绝境。在这期间，三十六个人在船祸和伤病中魂断他乡，先后有二百余人由于各种原因淡出了东渡舞台。唯有鉴真矢志不渝、百折不挠，用宏大的毅力和伟大的斗志，加上以天下为己任的责任意识，终于实现了千古壮举。

鉴真东来的消息在日本朝野引起巨大的轰动，在日本政府的授意和民众的呼声中，鉴真与日本当地的一名华严宗高僧"少僧都"良辨统领日本佛教事务，还被天皇封为"传灯大法师"，并且下旨"自今以后，传授戒律，一任和尚"。日本天皇对于鉴真十分重视，非常希望他能够帮助日本规范佛教的制度，杜绝当时社会中普遍存在的托庇佛门以逃避劳役赋税的现象。

不负天皇所望，鉴真通过在兴福寺与日本佛教界的代表进行公开辩论的方法，说服他们接受三师七证作为受戒出家的必备条件，又设立了法坛为圣武、光明皇太后以及其他皇族和僧侣约五百人授戒。鉴于鉴真对日本佛学和政治稳定所立下的伟大功勋，日本政界封鉴真为"大僧都"，统领日本所有僧尼，自此之后，一种正规的戒律制度开始在日本建立。

鉴真不仅在日本律学受戒、政治稳定上建立了巨大的功勋，还将大量珍贵的佛教经卷和精美的中国艺术品带到了日本；与鉴真同去的弟子中不乏优秀的建筑家和雕刻家，将中国先进的建筑、塑像、壁画等技术传到了日本；同时，鉴真本人还精通医学，曾经为日本皇室治病，也为日本的医学和本草学的发展做出了卓越的贡献。

然而好景不长，短短两年时间，原本极力支持鉴真的孝谦天皇在宫廷斗争中失势，淳仁天皇做了日本新的天皇。城门失火，殃及池鱼，鉴真也就此受到了排挤和反对。淳仁天皇首先下旨，解除了鉴真的"大僧都"一职，为了安抚日本佛教信众，淳仁天皇将在宫廷斗争中败死的原皇太子道祖王的官邸赐给了鉴真，鉴真及其弟子将这座官邸改建成为寺庙，并被淳仁天皇赐名为"唐招提寺"，淳仁天皇下旨要求日本僧人要获得受戒的权利，首先就要到唐招提寺学习，如此一来，唐招提寺顺理成章地成为了当时日本佛教徒的最高学府。

搬进唐招提寺后，鉴真已经年逾古稀，但他还是不懈地进行佛学宣讲、律学研究和受戒制度的建立工作。然而，他的健康情况每况愈下，日本天平宝字七年（公元763年），为了弘扬佛法、普度众生耗尽一生心血的鉴真，在唐招提寺面向西方端坐圆寂，享年七十六岁。

千百年过去，鉴真不仅在日本赢得了极高的声誉，在中国也成为了家喻户晓、妇孺皆知的大人物。1963年，鉴真去世一千二百年纪念，中日两国都举办了大型的佛事纪念活动，在日本的佛教界中，该年甚至还被定为"鉴真大师显彰年"。十七年之后，唐招提寺珍藏的鉴真漆像"回乡探亲"，成为中日邦交史上的一件大事。逝者已矣，鉴真的精神却依然为中日交流贡献着力量。

天威播四海

在中国境内曾出土拿水壶的大食人陶俑，从中原到新疆、到广东都发现过上千枚波斯银币。一个是来自古代的大食国，一个来自古老的东罗马，那里的商人、官员不远万里来到大唐，是为旅游，也为取经。

6到8世纪是西欧人眼中的"黑暗时代"，而西欧之外的世界此时并不"黑暗"。西起地中海东到太平洋西海岸，欧亚大陆上三大帝国正书写着自己的传奇历史：它们分别是唐帝国、阿拉伯帝国和东罗马帝国。

8世纪，中东的阿拉伯人异军突起，从阿拉伯半岛上的几个部落扩张成一个横跨欧亚非三大洲的空前帝国，向西占领了整个北非和西班牙，向东则把整个西亚和大半个中亚揽入囊中，成为唐朝、吐蕃之外影响西域的另一支不可小视的力量，在唐代史籍里称为"大食"。

8世纪时的唐朝正是天宝年间，达到了中国封建社会前所未有的顶峰。此时的天子是唐朝的第七个皇帝唐玄宗李隆基，虽然在这之前，唐朝权力过渡出现了问题，但武则天这个能干的女人在和儒家传统和社会道德做长期斗争的同时，也把国家治理得井井有条。到了玄宗时期，唐朝的国力达到了巅峰。无论从哪方面比，大唐毫无疑问是当时世界上最令人尊敬的强国，是当时世界上最先进的国家。陆路四通八达，海路开辟更多，有三条路通向日本；同时开辟了从广州越南海到东南亚、西亚及埃及和东非的海上交通。因此，唐成为世界各国经济文化交往的中心。

范文澜主编的《中国通史》里这样写道："当时中国文化独步在世界上，为摩诃末所推荐，阿拉伯与中国在精神上的友好关系，从摩诃末时就开始了。"因此，唐朝和大食的外交关系密切。唐高宗时，大食遣使来长安通好，此后的一个多世纪里，入唐使节近四十次之多。

大食商人从陆路和海路来到唐朝，长安、洛阳、扬州、广州、泉州等处都有他们的足迹，不少人在唐朝定居落户，有的还在朝廷当官。在广州，大食人建立了礼拜寺，他们的信仰受到唐中央的尊重。中国的造纸、纺织、制瓷等技术，传入大食，又通过大食传到非洲、欧洲的许多国家。今天的伊朗属于古代的波斯，唐时，波斯商人是长安城的常客。长安城里的外国人以波斯人最多，波斯富商遍布各地，有些长期留居中国。波斯还是丝绸之路的重要转运站，隋唐的丝绸、瓷器、纸张等沿着丝绸之路，源源输入波斯，再从波斯向西转运。

波斯和大唐亲密往来，不仅仅是为学习技术经验，还有求援的成分在里面。范文澜提到一点:"(波斯)因受大食的威胁,对无敌的中国,自然抱有相助的希望……"

贞观十七年(公元643年),波斯遣使来唐,献赤玻璃、石绿、金精等物。唐太宗回书答礼,并回赠绫、绮等丝织品。后来波斯不断地受到大食的骚扰,求助于唐朝。但唐朝虑其相隔遥远,没有答应出兵,波斯不久被大食吞并。唐朝也吃过大食的亏,天宝十载(公元751年),唐将高仙芝在怛罗斯战役中为大食所败,不少唐兵被俘,其中包括一些造纸工人。大食利用他们的技术设厂造纸,于是中国的造纸术传到了中亚,又传到西亚,最后西传入非洲和欧洲,为那里带去了东方先进的文明。

近代考古工作者曾在伊拉克底格里斯河西岸的沙玛拉城遗址发掘出大批中国陶瓷,其中有唐三彩、白瓷和青瓷三种,在北非的福斯特(即开罗古城)遗址中,曾发掘出唐朝的青瓷器。

盛唐的气象不仅仅在长安,不局限于中国,它在世界各地留下了美丽的回忆。如今,"唐人街"依然是世界对海外华人居住地的称呼。

第五章

奸臣当道,巅峰背面的陡坡

名字好记人吃香

唐玄宗时期既是将大唐盛世推向巅峰的辉煌时代，也是三百年唐朝历史由盛转衰的重大转折点，唐玄宗在位数十年，在其统治后期，虽然社会上仍然一片歌舞升平，但是朝堂上你死我活的权位之争从未停歇，帝国内部逐渐出现了许多危险的蛛丝马迹。

开元初年的名相姚崇、宋璟相继辞相之后，唐玄宗安排了源乾曜、张嘉贞继任。张嘉贞是蒲州猗氏（今山西临猗）人，在武则天统治时期进入朝廷，由于他外貌俊逸、举止大方、应对机智，所以颇得武则天的欣赏和提拔。经过一段时间的历练，他便被外放出去做官，先后担任了梁、秦二州都督，及并州长史等职。

唐玄宗即位以后，张嘉贞又因在地方上政绩卓越而得到了玄宗的青睐，正好朝廷要在他任职的并州设置天兵军，于是玄宗就提升张嘉贞为天兵军节度使。然而不久以后，竟然有人上书弹劾张嘉贞在天兵军奢侈僭越、贪赃行贿，唐玄宗震怒，于是命御史大夫王晙进行调查核实，结果却发现此事完全是子虚乌有，纯属诬告。按照唐朝的法律规定，诬告他人者是要判处反坐之罪的，于是唐玄宗便想按律处置那个上诉之人。

张嘉贞知道此事之后，向玄宗进言说："昔者天子听政于上，瞍赋蒙诵，百工谏，庶人谤，而后天子斟酌焉。今反坐此辈，是塞言者之路，则天下之事无由上达。特望免此罪，以广谤诵之道。"劝谏玄宗不要因为处置一个诬告者而堵塞了天下言路，导致下情不能上达，而使皇帝无兼听之明的恶果。

无辜遭到诬告，几乎丢官去职、声誉受损的受害人张嘉贞不仅没有从自己个人利益出发，强烈要求玄宗严惩诬告者，反而从国家社稷、百姓民生的大局出发考虑问题，阻止皇帝处置元凶，这种不计私利、胸怀天下的心态正是难得的宰相气度。从此之后，唐玄宗就记住了这位肚里能撑船的天兵军节度使。

开元八年（公元720年），宋璟、苏颋相继离职，玄宗皇帝需要寻找新的宰相来辅佐朝政，于是又想起了张嘉贞。可是俗话说"贵人多忘事"，唐玄宗竟然忘记了他的名字，只记得他是北方某地的节度使，尴尬的唐玄宗又不愿意随便询问身边的侍从，避免将此国家大事泄露出去引来麻烦，于是只得连夜命人召来负责草拟圣旨的中书侍郎韦抗。

看着不知所措的韦抗，唐玄宗硬着头皮说："朕想要任命一位宰相，可是忘了他的名字，只记得姓张，名字有两个字，而且颇有重臣风范，是北方的节度使，你记得谁比较符合情况，为朕猜一猜。"

韦抗想了又想，试着说道："张齐邱现任朔方节度使，皇上说的莫非是他？"

唐玄宗念了念张齐邱的名字，觉得可能就是他了，为了防止消息泄露，玄宗命令韦抗当场在御前草诏。写好诏书之后，天也快亮了，韦抗回到值班的地方补觉，而玄宗却睡不着，就等着天亮之后发布诏书。

谁知韦抗刚刚睡着，又有宦官来召他去见皇帝。进入寝宫之后，玄宗对他说："错了！错了！不是张齐邱，是天兵军节度使张嘉贞！如果不是朕偶然看到张嘉贞的奏章，几乎任命错了人。"张嘉贞就这样一波三折地成为了新一任的大唐宰相。

然而张嘉贞虽然很有才干，处理政务井井有条，却性格强势，颇有点刚愎自用，所以得罪了不少人，其中就有张说。

张说比张嘉贞年长两岁，也是在武则天统治时期进入朝廷的，唐中宗复位以后，张说被任命为兵部侍郎，而张嘉贞则在他手下做兵部员外郎。本来面对一位既比自己年长，又曾经是自己上司的同僚，张嘉贞拜相之后即使官位高过了张说，也应该表示出足够的尊重，但是张嘉贞对待张说态度倨傲、毫不谦让，这让张说十分不满，二人就此结下了矛盾。

开元十年（公元722年），秘书监姜皎犯了罪，张嘉贞讨好唐玄宗妹婿和宠臣王守一，于是便与他联名上奏请玄宗将姜皎处以杖刑，不久以后姜皎就因为带着重伤被流放而死在了路上。没过多久，广州都督裴佃先也因事被捕入狱，张嘉贞又故技重施，请玄宗施以杖刑。

时任兵部尚书的张说趁机进言道："臣听说刑不上大夫，因为大夫们是天子的近臣，又有古语说士可杀不可辱。当初姜皎是三品大员，也曾为国立功，如果他犯了罪，那么就应该按律判刑，该斩则斩，该流放就流放，岂能随意用杖刑来侮辱他？逝者已矣，此时已经无法弥补。现在又出了个裴佃先案，臣以为裴佃先应当根据案情或贬官或流放，不可以轻易处以杖刑。"玄宗觉得张说讲得很有道理，于是便听从了他的建议。

退朝以后，张嘉贞很不高兴地质问张说："你要进谏，就事论事即可，为什么要如此大做文章？"

张说正义凛然地说："宰相之职嘛，谁运气好谁就能得到，岂是一个人能够长期占据的位子？如果高官重臣均可以随意杖责，那么恐怕你我也早晚难免此厄。我今天不是为了裴佃先说情，我是为了天底下的士大夫进言啊！"

张说此举一方面在唐玄宗面前树立了自己为朝廷着想，维护国家法律权威，反对滥刑，保护大臣尊严的形象，在皇帝心中留下了心怀社稷的好印象，另一方面又破坏了张嘉贞在玄宗心目中大公无私、一心为国的形象。而他后来对张嘉贞所解释的话一旦传开，更能在广大朝臣中引起共鸣，为自己培养人望，可谓一箭三雕。如此看来，如果要比政治手腕，鲁莽冲动的张嘉贞的确不是老谋深算的张说的对手。

果然，到了第二年，张嘉贞的弟弟金吾将军张嘉祐被人揭发

贵妃晓妆图　明　仇英

薦舉博學宏詞杭郡金農圖畫

鞍马图　清　金农

出有贪赃之事，张嘉贞十分担心自己会受到弟弟的牵连。这时张说给他出了个主意，让他以弟弟受到弹劾的名义暂停办公、素服待罪，以示自己高风亮节，这样自然能够博得皇上的好感。张嘉贞听了觉得十分有道理，完全没有意识到张说的这个馊主意不啻是让他不打自招。

暂时离职的张嘉贞失去了面见皇上进行解释的最后机会，很快就被贬为幽州刺史，赶出了朝廷，而张说则喜滋滋地补上了中书令的空缺，如愿以偿地当上了宰相。张嘉贞这才知道自己被张说算计，只能恨恨不已地对人抱怨说："中书令明明有两个位子，何苦如此算计我呢！"

张说虽然政治手腕比张嘉贞高明许多，然而他刚愎暴躁的脾气却与张嘉贞如出一辙，所以这位新宰相的人际关系也并不比张嘉贞好多少。他不仅擅权专政、任人唯亲而且还喜欢收受贿赂，如果有官员违逆他的意思，他轻则不顾对方颜面地张口就骂，毫无大臣君子之风；重则运用手中的职权将对方排挤出朝廷。

后来张说奏请唐玄宗举行封禅泰山的大典，说："封禅者，所以告成功也。夫成功者，德无不被，人无不安，万国无不怀。"封禅泰山是历代帝王粉饰太平，夸耀功勋的手段，也是一位帝王能够取得的最大荣耀。接到这样的建议，唐玄宗自然欣然同意。

其实根据开元盛世的繁荣景象，及其八方来朝的国际地位，举行一次封禅大典，唐玄宗也是当之无愧的。然而张说却利用封禅后凡三公以下官员可以升官一级的规定，大肆提拔私人、任用亲信。例如张说的女婿郑镒，原本是九品官，竟然连升数级，一跃而升到了五品。

后来玄宗知道了郑镒升为五品，觉得很惊讶，便询问这是怎么回事，有人回答说："此乃泰山之力也。""泰山"是双关语，表面上是说郑镒因为封禅泰山的大典而升官，实际上是在讽刺他的"泰山大人"也就是岳父张说滥用职权、任用私人。

本来，张说主持封禅大典，一方面可以讨好于皇帝，另一方面可以被众朝臣接纳，是他改善人际关系、巩固自己权威的大好机会。然而由于张说的贪婪和霸道，得以升官的大臣怨恨他随意辱骂、不留颜面；未能升官的大臣怨恨他任人唯亲、处事不公；甚至连玄宗皇帝也从侧面知道了他的斑斑劣迹。张说白忙一场，距离罢相去职之日已经不远了。

此事之后，张说失去了玄宗的信任，又受到了玄宗新宠宇文融的排挤，玄宗便逐渐疏远了张说。后来宇文融见张说已经失宠，皇帝只是缺少一个罢相的理由，于是便联合时任御史中丞的李林甫等人弹劾张说"求士占星、徇私僭侈、受纳贿赂"。唐玄宗果然将张说下狱审讯，张说执政的时代就此结束。

开元十七年（公元729年），张说再次拜相，他的长子张均被封为中书舍人，次子张垍也成为宁亲公主的驸马，荣宠一时。然而一年之后，张说就因病去世。

张说为人虽然有很多这样那样的问题，然而他三任宰弼，政务娴熟，根据国情对政治军事制度进行了有效的改革，一生既有文韬之策,又有武略之功,为国家立下了汗马功劳,《新唐书》赞之曰:"发明典章,开元文物彬彬,说居力多。"张说罢相以后,朝廷的中央决策中枢陷入了四分五裂、各自为政的局面,再也无人可以掌控大局,后来的宰相大多为能力平庸、钻营牟利之徒,唐王朝的衰落已经显出了端倪。

风度得如九龄否

张说以后数年，玄宗朝还有一位比较著名的贤相，他就是张九龄。

张九龄，字子寿，一名博物，仪凤三年（公元678年）出生在韶州曲江（今广东韶关市）的一个普通的家庭中，故而后世之人又称其为张曲江。

张九龄自幼文采出众、才华横溢，据说在七岁的时候，就能够写出流畅的文章，可谓少年天才。据后来的王方庆回忆说，他在年轻时候于广州做广州刺史时，现在权倾天下的张九龄，当时虽然只有十三岁，却给他上过一道文采斐然的书。王方庆一看其文笔，立马拍案叫绝，如此年轻便有如是行云流水的文笔，实在是千古罕见，于是王方庆预言此子将来必定有非凡的成就。

果不其然，在张九龄三十岁之时，便以第二名的成绩中了进士，被授予校书郎之职。此时的张九龄，尚算不得发迹，他的真正崛起还需继续等待。与喜好严刑峻法的武后和软弱无能的中宗、睿宗不同，唐玄宗即位之后励精图治，以"兼听则明，偏信则暗"作为他的为政信条。

而且李隆基自诩文武全才，尤其喜好文学，像张九龄这种人，性格耿直、文采出众，正是唐玄宗所钟爱的人才。为了能够摸清张九龄的底细，在这之前，唐玄宗还对张九龄进行了一番充分的考察，发现张九龄在对策时，往往语出惊人，不按常规出牌。玄宗认为此人乃是个大才，只是年轻气盛，还需要耐心地打磨几年，才能够对之委以重任。

校书郎虽然品阶较低，但是对于朝廷新人来说却是很有前途的一个仕途起点，尤其是朝廷安排给通过科举考试的进士们的第一个岗位往往就是校书郎。张九龄在刚刚上任做校书郎之时，便向唐玄宗陈述了自己的为政基旨，言辞恳切、道理清晰，唐玄宗从这份上书中发现了张九龄的谏言之才，也意识到自己在为政之时所需要注意的事情，所以当即任命张九龄为右拾遗。

右拾遗是谏官的一种，主要负责向皇帝奏论政事，称述得失，并且有推举遗贤的职权。右拾遗的品阶虽然仍然很低，但是由于与皇帝直接交流的机会比较多，因此是一个很有前途的职位。只要谏言能够合乎皇帝的心意，前程一片大好，当初的陈子昂、此后的白居易等人都是由此崛起，做出一番成绩的。当然，俗话说，伴君如伴虎，这同时也是一个容易得罪皇帝的差事，如果张九龄不懂得迂回，同时遇到的皇帝度量狭小，加上小人在皇帝身边进谗，就很容易招致杀身之祸。

正是在右拾遗的职位上，张九龄第一次展露了他的政治才能和识人用人的眼力，为他日后的仕途晋升打下了良好的基础。不过一个人有着惊世的才华和过人的胆识勇略固然很重要，但孤身一人却难以成就大事。所以张九龄要想安稳升迁，还需要结识一个在朝中呼风唤雨、无所不能的人，大树底下好乘凉，只有获得了足以决定自己前途的人的赏识，自己才能够有更大的成功可能性，张九龄找到的这棵大树就是当朝宰相张说。

张说虽然政治作风问题很多，但是极有才华，是当时的文坛领袖，也很看重文名卓著的人才，喜欢奖掖后进，提拔文学造诣高的后学之士。张九龄文采风流，因此备受张说的器重，甚至张说还预言，张九龄定然能够接替自己成为"后来词人称首"，可见其对张九龄的看重。而张九龄也乐得有人赏识，这样不仅能够减少自己为政为官的阻碍，还能够为自己将来飞黄腾达的前程铺平道路，所以张九龄经常写一些文章献给张说。

可以说，除了钱财之外，张说最喜欢的莫过于与才子文士酬唱往还了。一来二去，二人便成了忘年之交，加上他们都姓张，索性认为同宗。毫不夸张地说，没有张说这个伯乐，张九龄很难平步青云，最后成功坐上宰相的位置，更谈不上实现其理想抱负了。

在张说的介绍下，张九龄的文采很快就被唐玄宗进一步熟知，唐玄宗也很佩服张九龄的文才，曾说："张九龄文章，自有唐名公皆弗如也，朕终身师之，不得其一二。此人真文场之元帅也。"有了张说的支持和唐玄宗的看重，张九龄很快就被提拔为中书舍人。这个职位的官衔是正五品上，虽然在高官云集的朝堂上，正五品上的官员实在不算大官，但是中书舍人相当于皇帝的秘书，"掌侍进奏，参议表章。凡诏旨制敕、玺书册命，皆起草进画"，因此经常有机会与闻重要的国家大事，甚至是宰相的任命和罢黜，正是这段经历为张九龄日后入主中枢提供了极佳的学习机会和资历积累。

接触真正的国家大事之后，张九龄很快就展示出了比张说更加敏锐的政治头脑，在张说与宇文融的权力之争中，张九龄曾多次为张说提供正确的建议，然而未获采纳。后来张说被迫罢相，张九龄也受到牵连，暂时离开了朝廷。不过由于唐玄宗看重张九龄的才华，而他的离开也仅仅是由于受到牵连，并非自身出现问题，因此很快又得到重用，被召回了朝廷。开元二十二年（公元734年），张九龄被任命为中书令，正式成为宰相。

对于张九龄，唐玄宗十分赞赏，因此在张九龄之后，每逢宰相向皇帝推荐公卿之时，皇帝都会询问："其人风度得如九龄否？"将张九龄的风范作为拔擢大臣的一个重要标尺。过去士大夫阶层要把笏板插在腰带上，才能够去骑马，皇帝考虑到张九龄体弱，遂常派人帮助张九龄拿着笏板，自此，朝廷设立了笏囊。一时之间，张九龄的威望于整个大唐公卿而言，不做第二人想。

奸臣也能变法

开元二十二年（公元734年），李林甫刚刚进入中枢机构，就被唐玄宗委以重任，主持大规模的法律条文修订工作。对于法律相关事务，李林甫可谓驾轻就熟，因为在此之前的数年时间内，李林甫一直在从事相关方面的工作。

早在开元十九年（公元731年），裴光庭和萧嵩所组成的内阁就颁布了一系列《格后长行敕》，这是历年以来首次更新法典内容，但没有取得十分显著的成效。其实在这些法令颁布以前，已有人抱怨法典条款因应用比拟和援例而被忽视，所以《格后长行敕》的颁布，其首要目的便是要消除由于立法变化而条款又未列入修订的行政法典所引起的种种反常现象。

在汲取了前人订立法典的经验教训之后，李林甫决定对唐朝法典来一次惊天动地的修正。这一次，李林甫召集了大量深谙行政和法律的官员，经过了漫长的三年时间的潜心工作，终于有所成就。

在法令颁布之后，李林甫专门请求唐玄宗，降诏宣布之前颁布的诏书中提到的一切未收入新法中的条款不再使用，也不再具有法律效力。法典的制定，让唐玄宗充分见识到李林甫处理行政问题的缜密精确和他的改革决心，所以对于李林甫，唐玄宗更加重用和信任。

而这次法典的修订也具备跨时代的意义，《剑桥中国隋唐史》对于此次法典的重新修订给予评价："这次修订法律是唐代最后一次试图提供包括在令和式中的标准化的、全国一致的行政法规活动。"而且其中的很多原则符合时代发展特色，对于后世的影响力十分深远。一直到十四世纪的元朝时期，唐朝制定的法令依然被沿用，具有无可挑战的权威性。虽然这期间，也进行过一定的修订，但是大体原则一直没有改变。虽然如此，然而，李林甫对于标准化、一体化、条令化、法制化等尝试并没有获得最大的成功，由于地方活动的多样化，所以其中的很多条令成了一纸空文，没有得到实践的验证。

两年之后，李林甫又领衔完成了《唐六典》，在这部中国最早的行政法典中，对于各级政府的部门规制、制度、职责等相关细则都进行了规定，并且附会《周礼》中的记述，做出了符合古典典籍理论的系统介绍。有人曾评价说："以三公、三师、三省、九寺、五监、十二卫等列其职司官佐，叙其秩品，以拟《周礼》，虽不能悉行于世，而诸司遵用殆将过半。观《唐会要》请事者，往往援据以为实。"也即是说《唐六典》虽然有些地方不免脱离实际，但仍然得到了很大的应用，为提高政府办事效率做出了重要贡献，是中国古代立法史上的一项创举。

开元十年（公元722年），在张说对礼仪法制化的努力之下，唐玄宗已经开始命令集贤院比照《周礼》的题材结构编制一部《唐六典》汇编，但是由于政治的原因，张说的这次尝试最终没有成功。到了萧嵩入主中枢时期，唐玄宗开始准备编制一部有关政府机构行政法的提要，张九龄和李林甫等人都先后参与了这件事情。开元二十六年（公元738年），这部书终于成型，次年二月被送呈玄宗，经过审议之后颁布全国通行。在以后一个多世纪的时间内，这部法典一直被作为一部最方便的权威性的行政法而通行全国，即使是新旧官署变革时期，这种制度也一直没有改变。

通过对政府法令法规和法律的调整改革，李林甫为唐玄宗建立了一个有望君王不出力气便可以有效维持政府运转的体制。不得不说，在李林甫执政的早期阶段，他算得是一个称职的宰相。为了让法律得以顺利地施行，李林甫一直以身作则，不管是谁，即使是名门望族、达官贵人，都必须依照法律行事，否则就将面临法律的严惩。

在处理朝政上，李林甫也是战战兢兢如履薄冰，很多史学家对李林甫很反感，但是在他们的记载中，也不乏这样鲜明的词句："自处台衡，动循格令，衣冠士子，非常调无仕进之门。""每事过慎，条理众务，增修纲纪，中外迁处，皆有恒度。"不管他是沽名钓誉，还是具有更为险恶的用心，但至少在执法上，他真正做到了以身作则。

李林甫之法，力图将法、术、势三者合为一体，他毫不掩饰地向唐玄宗说明，自己主张以法治人，以术驭人，以势制人。韩非子如果在天有灵，定然会为李林甫感到欣慰。更为难能可贵的是，李林甫不仅无师自通法家学说，更是炉火纯青地将之运用到了实践之中。

在具备了完备的法典之后，在"术"的方面，李林甫以此为武器，夺权、固位、置敌手于死地，使难以计数的将相大臣败在他的手下。他常借御前进言之机，陷害政敌、异己势力，人称"肉腰刀"；或用甜言蜜语诱导所恨之人犯过失，再在君主面前加以中伤，以至朝廷中传布说："李公虽面有笑容，而肚中铸剑也。"《资治通鉴》中说他"口有蜜，腹有剑"，后世"口蜜腹剑"的成语即源出李林甫。他的术，在帝王术上做了发展，除了以术驭人外，更主要的是以术击人。

法、术皆备，李林甫很好地处理了权术和法律的结合问题，同时，他更在"势"的方面下功夫，李林甫在为政初期，便积极培植自己的势力，并不断调整其中的人员结构，如对杨慎矜、王銲的先拉后打，对杨国忠先拉复打再拉等，使整个势力体系始终服膺自己。他以术增威，弄得不可一世的安禄山把他当作神明，甚至在隆冬季节见到他时也畏惧得汗流浃背。他处处树立他的威势，培养他的威望，增加他的威权。李林甫执政十九年，朝臣惮怕他的威权，没有敢分庭抗礼者。天宝年间，他在朝野的威势实际已经超过玄宗。群臣相见噤若寒蝉，中枢同僚形同木偶，连拥有重兵、包藏祸心的安禄山每次遣使入朝后，也总要向使者询问李林甫给他带来什么话，内心颇为忌惮。

然而，李林甫的初衷也许是制定一个国家之法，却在后期的政治纷乱中演变成了打击异己的个人之法。在他的左右控制下，李通之案、韦坚案、杨慎矜案等许多冤假错案产生，宰相、公卿，都在李林甫的打击下一一败下阵来，这也是李林甫最为后世史家诟病的问题之一。

有一句话说，人在江湖，身不由己。李林甫身在宦海，何尝不是这样？曾经他的儿子李灿手指着役夫告诫他，有朝一日，一旦大祸临头，恐连此也不能得，李林甫也只能叹息着摇头。

玄宗朝发生的另一项重大变革就是府兵制向募兵制的转变，虽然府兵制的破坏是长期的历史发展结果，但是正是在李林甫当政时期，发生了关于军制的重大改革。

由于府兵制日趋遭到破坏，唐朝初年存在的募兵制便逐渐兴盛。这是一种通过临时招募民丁组建军队的方法。府兵制逐渐被"犷骑"和"长征健儿"这样的募兵制所代替。被招募者一般选取富户多丁、人才骁勇者充当，举荐前资官（非现任文武官）、勋官或有才能的人任各级将领。兵募的装备由当地政府供给，不足则由本人自备或由亲邻互相资助。

开元二十五年（公元737年），李林甫推出了新的政策，给予职业军人优越的待遇，以吸引人员投军："令中书门下与诸道节度使量军镇间剧利害，审计兵防定额，于诸色征人及客户中招募丁壮，长充边军，增给田宅，务加体恤。"

根据过去的兵制规定，被挑选前往边境的士兵既有府兵，也有平民，平均服役期为三年时间。而新的诏令规定：边境诸镇的所有士兵应在原征募的士兵和未登记的成员中雇佣自愿服役的合格兵源。获录取之后，将会得到高于标准的津贴并且免去数年的税收，携带家眷前往边境的人还可以长期定居并且获得房屋和田地。到了第二年初，新政策已得到基本落实，"制边地长征兵，召募向足，自今镇兵勿复遣，在彼者纵还"，达到了兵源充足的效果。

对于这次军制改革，李林甫主持编修的《唐六典》中盛赞为"人赖其利，中外获安。是后，州郡之间永无征发之役矣"。当然其中不免自吹自擂之嫌，然而如唐长孺先生所言："所云'是后州郡之间永无征发之役矣'虽不免夸大"，但"自开元二十五年至天宝十载间兵役至少是大大减轻了"。而新军制带来的效果也十分显著，史称"唯边州置重兵，中原乃包其戈甲，示不复用"。

这种改革建立在强大的国力之下，在当时还是很有效的。然而，这种兵制所带来的弊病也是显而易见的。在崭新的制度下，庞大的边防军消耗了大量的财力，装备及粮食、部队的被服、军需的补给，都需要巨额资金。整个帝国收入的大部分粮食和战略储备、人力资源等都用在了军队之中，使得政府的财政和后勤出现了巨大的亏空。

在建立了职业军队之后，政府不仅需要常年支付军队的开销，更需要应对军队的封赏和特权。为了取得战争胜利，也为了稳定军心，朝廷不得已对军队进行豪爽慷慨的赏赐，巨幅增长的军费使朝廷不堪重负。

除此之外，募兵制还加强了边镇的军队，而中央的兵力反而空虚了，杜牧说到废府兵兴彍骑的失策："至于开元末，愚儒奏章曰：'天下文胜矣，请罢府兵。'诏曰：'可。'武夫奏章曰：'天下力强矣，请搏四夷。'诏曰：'可。'于是府兵内铲，边兵外作。"他对于府兵制的废止非常惋惜，认为这是开藩镇割据之端。原本兵力最为雄厚的关中地区，因府兵制的难以维系，而逐渐空虚起来，边镇地区的实力乘机迅速增强，外重内轻的军事局面形成，为"安史之乱"的爆发埋下了伏笔。

李林甫以雷霆万钧的气势摧毁了一系列改革阻碍的同时，也主持了政府在财政上的改革，开元二十四年（公元736年），时任户部尚书的李林甫发现朝廷的财政制度混乱、数额名不副实，而且税收制度的不严密引起的弊政和贪腐现象十分严重，于是他召集人手对原有制度进行修订，将度支预算简化并固定化，并将新的规定编成五卷本的《长行旨符》呈送玄宗，然后颁布施行。

根据《长行旨符》的规定，每年只要将各地所需征收的赋税数额呈报给皇帝，经过批准后便由相关部门向各地颁布具体的数额及征纳措施等，而细则就可以根据《长行旨符》中的规定由具体实施人来自行处置。《长行旨符》贯彻之后，大唐的财政状况得到了明显的好转。

根据唐朝初年的统计来看，只有三十八万户人口，而到了天宝末年，则有八百九十一万四千七百零九户人口，户数增加了二十多倍。而自开元十四年（公元726年）到天宝元年（公元742年），人口数量也增加了两成以上。

这里人口增长中的一部分很可能并不是自然增长，而是《长行旨符》颁行之后，由于政府相关部门办事效率得到明显提高，营私舞弊行为得到遏制，从而查出了原先隐蔽于税收范围之外的人口，表明了政府可征税范围的扩大。

对于《长行旨符》，李锦绣所著《唐代财政史稿》给予了很高的评价："《长行旨符》的出现使支度国用计划由三个内容变为一个内容，使支度国用计划由总列全国到分列局部；不仅如此，《长行旨符》的意义还在于它在开元年间财政普遍调整的形势下，使租庸调的收支适应形势的变化而重新固定化、制度化，使支度国用的重点转到对地、户税，尤其是户税的征收上，为量出以制入财政原则成为国家财政的总原则铺平了道路。"

而《剑桥中国隋唐史》称赞其为："这显然是行政合理化的一个重大步骤，它使帝国的财政制度更紧密地切合地方实际情况。它还是一大创新，因为政府悄悄地放弃了要求税率和劳役以及财政管理实施细则全国一致的总原则。"

元稹就曾说过，当时四海之内，高山绝壑，到处可见耕作。史学家汪钱在《唐代实际耕地面积》一文中也证明说，天宝时的耕地大约在800万顷到850万顷，比之开元初期数目增加不少。

此外，在开元、天宝时期，许多州郡都兴建了大量的水利工程，这些水利工程的修建，不仅在防洪抗旱方面具有良好的效果，也让唐朝的运输体系进一步得到改善，使粮食和物资的运输方便得多。

尤其是在李林甫的委任下，韦坚担任了水陆转运使，在他的主导下，政府建造了一条与渭水平行的新运河，在长安还新建了码头，使得漕运船可以直抵长安。运往京都的粮食、货物等产品都大量增加。此外，韦坚还整顿地方的运输供应，提高了来往物品的安全畅通。

经过一系列改革，政府的税收得到了保证，李林甫时期，税务制度方面逐渐松弛，对于户口的登记也开始放松。之所以出现这种变革，是因为在李林甫当政的早期，便确定了各州固定的税收定额。曾经每年核查一次各家人口的制度变成了三年一次，男丁纳税的最低年限也从二十一岁提高到了二十三岁。

综合看来，李林甫的改革具有一定的积极意义，他在政治、经济、军事等各方面的才能和制度设计方面的天赋得到了唐玄宗的极高赞赏，甚至在安史之乱爆发以后，狼狈出逃的唐玄宗仍然认为李林甫才能卓著，并不认为李林甫是导致安史之乱的罪魁祸首。根据记载，唐玄宗在逃出长安，前往蜀中的路上与身边的官员裴士淹谈话，玄宗说："李林甫之材不多得。"裴士淹回答说："诚如圣旨，近实无俦。"

如果假定唐玄宗是被李林甫多年的假象所蒙蔽，而认不清李林甫的真实面目的话，那么唐朝著名的直臣韩休"荐林甫堪为宰相"则是对李林甫才干卓越的明证。而《旧唐书》和《新唐书》中虽然对李林甫的为人颇有诟病，但是也不得不承认他的政治才能和显著的政绩。

李林甫处事谨慎，条理分明，而且熟悉政务，精通法令和财政，拥有敏锐的政治眼光和优秀的政治能力，但他的改革终因为安史之乱的爆发和他本人的恶名而被淹没在历史的尘埃中。

马不能随便叫，人更不能随便叫

李林甫和张九龄，分别代表了法家和儒家在朝中的两大体系，他们代替唐玄宗把持着朝中大局，很明显，此前儒家思想在朝中占据着主导地位，李林甫的一系列改革，势必会对儒家集团的生存现状造成巨大的挑战。

黄仁宇在《中国大历史》中，如是描绘法家："他们的法治观念不为传统习惯、古代特权、流行的道德观念、家人亲疏，或甚至恻隐之心所左右。法律代表君主的意志，必为成文法，必须详尽而无疑义地写出，而且不折不扣、不分畛域地强制实施。"儒家思想提倡人性本善，与法家人生本恶的思想基础形成了尖锐对立，于是，这两种思想最忠实的执行者难免会互相攻伐。最终，一言九鼎的君主站在李林甫的一边，张九龄不再如有神助，只能黯然退场，李林甫朝着权力巅峰又进了一步。

天宝元年（公元742年）七月，牛仙客去世。此前，宋璟和张九龄都去世了，他们所代表的士大夫阶层也失去了原来的地位和权力。其他几个前宰相中，裴耀卿死于天宝二年（公元743年），萧嵩已被贬到地方。此时的中央，已经没有任何人可以和李林甫抗衡，即使是唐玄宗，也不过是被他蒙在鼓里，不仅不知道朝堂变故，更不了解民间百态。

李林甫成功实现了一家独大，独揽朝纲的野心，朝廷已经成为李林甫的一言堂，只有李林甫握有针对皇帝的话语权，任何敢于发出不同声音的人都被赶出了朝廷。李林甫甚至倨傲地对朝廷众臣说："明主在上，群臣将顺不暇，亦何所论？君等独不见立仗马乎，终日无声，而饫三品刍豆；一鸣，则黜之矣。后虽欲不鸣，得乎？"

他威胁这些本应对皇帝畅所欲言进谏朝政得失，辅佐皇帝治理国家的官员们。在我李林甫的眼中，你们就如同仪仗队里的马一样，如果老老实实地不出声，那么自然有好吃好喝、高官厚禄等着你们；如果谁敢鸣不平，那么对不起，也别享受官员的权力了！后来言官杜琎两次上书玄宗，针砭时弊，提出建议，果然就被李林甫作为"害群之马"而踢出了朝堂，从此以后，再也没有人敢于违背李林甫的意思给皇帝上书了。

但从另一个角度而言，李林甫在行政为官上也取得了前所未有的成功，整个帝国在他的一系列改革下，运转得井井有条，极大提高了行政效率。经过改革的唐军，取得了一系列对外战争的胜利，贵族们因为李林甫暂时的宽容和支持，得以获取更多更稳固的权力。

然而，所有的一切都不外乎平衡的结果，牛仙客、宋璟、张九龄等人在世之时，会对李林甫形成制衡，迫使他勤于政务，小心谨慎。即使是牛仙客，对于他也不是绝对的言听计从，手握重权的牛仙客，事实上也起到了平衡朝中权力的效果。所以当牛仙客西去之后，这种平衡便被打破了，原本稳定的政治局面，繁荣的社会背景，在不知不觉之间也发生了一些改变。

牛仙客死后，继任宰相的人是李适之。和李林甫一样，李适之是朝廷中的重要成员，而且还是太宗直系中地位较高的一支后裔。一般来说，像他这样的贵族是不需要通过科举考取功名的。

虽然李适之拥有过人的才能，也有一般人不具备的家世背景，但是他能够以这么快的速度擢升，仍是不可思议。之所以这样大胆地提拔他，就在于唐玄宗已经开始意识到李林甫的潜在威胁。为了有效抵御山雨欲来的朝廷局势，削弱李林甫的个人影响力，唐玄宗不得已采取措施，实现最初那般朝局的平衡。

神龙元年（公元705年）起，李适之开始在禁军中担任官职。在唐玄宗早期，李适之被分配到州郡做官，素以行政干练而闻名，唐玄宗最先清楚认识到他的执政才能，是在他担任河南尹之时。李适之通过完美地完成治理水涝工程的任务，让唐玄宗认可了他。所以后来他的仕途一片平坦，他先后担任了幽州节度使和刑部尚书。

这些都为李适之走上仕途巅峰打下了坚实基础，不管出于何种原因，唐玄宗最终还是将他大胆地提拔了起来，这些多少有着贵族干预的影响。李适之坐上了一人之下万人之上的位子，从此入主中枢，同时也掀开了血腥残酷的党争。

李林甫从来不能容忍别人对他宰相之位的任何威胁，他拉拢和扶植了一批巧言令色的阴险狡诈之徒作为自己的党羽，为他巩固地位、打击异己。为了震慑有入相之心的李适之，李林甫在李适之担任兵部尚书的时候就指使人检举他手下的兵部铨曹有贪赃舞弊之事。

很快，兵部的六十多名吏员遭到逮捕和审讯，李林甫授意手下派酷吏吉温进行审讯，在吉温的审讯下，这些吏员全部自诬认罪，而且身上还检验不出用刑的痕迹。由于唐玄宗也清楚此事其实是李林甫针对李适之的斗争，所以也就不了了之，没有将相关人员定罪，但是此事却使李适之在朝堂上大失颜面。

不过，尽管李林甫百般刁难，李适之还是坐上了宰相大位，他不仅拥有过人的政治才能，更有着常人难以企及的野心。面对李林甫的大权独揽，他不可能永远默默忍受。为了壮大自己的实力，李适之在一开始之时便网罗了一大批和自己志同道合，有着共同利益的朝廷重臣，其中不乏六部尚书、受玄宗信重的宠臣和握有军权的将军。他们无论是在财政上还是在军事上，都具有强大的实力，让李林甫也不得不退避三舍，敬让三分。

按照唐玄宗的预想，只要双方能够互相制衡，一心为了朝廷，那么自己便可以隔岸观火，坐享其成。却不料一个偶然的事件，使得这一平衡很快便被打破。

天宝三载（公元744年），时任吏部尚书的李林甫，独揽朝纲，欺上瞒下。选才考试之时，他经常耍些手腕去扶持自己的人。如果李适之集团还没有崛起，这样的事情并没有人敢于反对。然而这件事情却在李适之集团有意无意的推波助澜之下，影响迅速扩大，李林甫结党营私、任人唯亲的骂名开始在朝中传开，一个胸无点墨的浪荡游子因为和李林甫有交情，竟然杀出重围，获取了头名。这让朝中议论纷纷，很多人敢怒不敢言。

李适之等人觉得，这件事情还有可以利用的空间，于是，他派遣了一位朝中以耿直成名的官员，让他去边关将这件事情告诉安禄山。当今天下，也许只有他可以抗衡李林甫了。此时的安禄山，担任着东北范阳和平卢两镇节度使，手握重权，自然不惧怕李林甫，但是就这样撕破脸皮，为明智之人所不取。

但是在那名官员的激烈陈词和有心蛊惑下，安禄山最终将这件事情告知了唐玄宗。边将干预朝政，本就为历代皇帝所不许，此番可算是开了先河，唐玄宗也乐得给李林甫一个警告，遂对此事进行了彻查。首先，重新考试，结果那个获取头名之人交了一张白卷。玄宗见此情景，自然大怒，遂将主考的两个吏部侍郎发配边关。李林甫还算有才华，唐玄宗还需要依靠他做很多事情，只能对他免于责罚。但是李林甫知道，这样一来，自己不仅颜面大损，威望也受到了极大的伤害。

这让李林甫很震惊，不知不觉之间，自己的这个政敌已经成长到了足以威胁自己地位的高度。所以从天宝三载（公元744年）起，李林甫下定决心，对自己的政敌施以残酷的手段，让他们从此一蹶不振。

本以为遭受了这次打击之后，李林甫会有所忌惮和收敛，所以李适之等人尚沾沾自喜，不知道危机正在步步逼近。李林甫首先向唐玄宗进谗言，说李适之为了打击政敌，为了获取第一宰相的位置，网罗人马，步步为营，损公肥私。这让李适之名誉扫地，唐玄宗开始对他产生了嫌隙。

天宝五载（公元746年）的一天，李林甫找到李适之，神秘地说："你还不知道吧？华山有金矿，如果派人去开矿采金，那可是朝廷的一大笔收入啊，现在皇上还不知道这件事呢。"

李适之想了想，觉得这确实是个好事，于是就向玄宗建议在华山开山采矿。可是他没有想到，这么好的事，李林甫为什么不自己向玄宗邀功，怎么会将这个机会让给自己的对头呢？这后面必然藏着阴谋。原来唐玄宗自诩"协太华之本命"，认为华山是自己的命脉之所系，如此，他怎么可能同意在华山开矿，损伤风水呢？

于是李适之向玄宗提出开矿之事后，李林甫便对玄宗说："我早就知道华山有金矿了，但是华山是陛下本命之所在，因此一直不敢提议开矿。"玄宗听了，深觉李林甫办事周到，处处为自己着想，于是对李适之说："以后有事上奏要多和李林甫讨教讨教，别这么冒冒失失的。"从此以后，玄宗越来越认为李林甫既能干又忠心，渐渐地便疏远了李适之。

更为厉害的是，李林甫十分善于用三言两语离间对手，他很容易地便离间了李适之阵营中的重要人物，使他们相互争斗，两败俱伤，最后被派到外地，远离了权力中心。李林甫则成功坐收渔翁之利，将自己的心腹安排在他们的位置上。

接着，李林甫变本加厉，进一步打击李适之阵营。他派自己的亲信杨慎矜向玄宗告发太子李亨竟然伙同皇甫惟明和韦坚等人策划政变谋反。遭到陷害的几人中，李亨是李林甫试图扶寿王李瑁上位失败后被立的太子，自然遭到李林甫的忌恨，而韦坚和皇甫惟明则站在李适之一边，反对李林甫。

从如今的史料看来，所谓造反是否确有其事已经不可考，但是造反这样危险的信号即使是空穴来风也能引发皇帝的极大警觉。更何况韦坚和皇甫惟明一个是京师重臣，一个是边关拥有十四万精兵的将领，如果太子真的在他们的支持下发动突然袭击，自不可等闲视之。

当然，唐玄宗并没有武断地下决定，经过调查，发现这件事情很可能并不属实，但也找不到他们没有谋反的证据。于是，皇甫惟明和韦坚遭到贬谪，被赶出了朝廷。而太子没有受到影响，李适之也没有受到牵连。但是这一切都是表面的，李林甫虽然没有一举彻底打倒韦坚等人，但是达到了他预期的效果，李适之的势力遭到了极大的削弱。

虽然未受到牵连，但李适之充分认识到了李林甫的厉害之处，不管自己今后是否会继续和他作对，只要自己继续担任宰相一职，就必然会为李林甫所担心，欲要除之而后快。忧心忡忡之下，李适之不得不辞掉宰相一职，获得了唐玄宗的批准之后，李适之遂在东宫担任闲职，曾经积极参与国家政务的宰相一去不复返了，李适之从此过上了采菊东篱下，悠然见南山的闲散生活。

太子是用来陷害的

李适之走了,宰相一职却依然存在,需要找一个德高望重的人去接任这一职位。显然,此时的朝中,这种人已经很少见,即使有,在李林甫的压制之下,也是郁郁不得志。

为今之计,要坐上宰相这一位置,只能选择合乎李林甫的心意,同时又合乎唐玄宗的心意之人。陈希烈便是这样的一个人,是担当宰相一职的不二人选。

合乎李林甫的心意,是指陈希烈深谙明哲保身之道,从陈希烈的性格来看,此人八面玲珑,对李林甫唯唯诺诺,唯命是从,在担任宰相一职前,便已经完全沦为李林甫的附庸。合乎唐玄宗的心意,则是因为陈希烈有特殊的才华,他不是经过科举考试进入朝廷的,而是因为精通道家的诸般学说,为玄宗讲解《老子》《庄子》而入朝为官,并且善于用神仙之说和灵符祥瑞等取悦于玄宗,因此很得唐玄宗的喜爱。

于是,陈希烈顺利地坐上了宰相大位,而他所担任职位的相应事务，大多数交给了李林甫决定。这样一来，李林甫成为朝廷的绝对主宰，大小事务全部归于自己手中，连唐玄宗也因为对于李林甫的盲目信任而自愿成为有名无实的摆设。宰相议事完全成了形式上的事，真正的军国大事都由李林甫在家中自行决定，他手下负责整理、传递文书的官吏们捧着李林甫签好的文件送到陈希烈家中，陈希烈经常看都不看就在后面签上自己的名字。

然而，唐玄宗想要和杨贵妃一起享受人生，李林甫却不可能让唐玄宗安宁，为了维护他的地位，李林甫对政敌还要进行进一步的清洗工作。一开始，唐玄宗认为，前面韦坚和皇甫惟明等人遭受的惩罚，实在是罪有应得，他们本来应该被处死的，但是此刻自己大赦了他们，算得也是对他们的一种恩德。当然，长年累月的感情积累，让唐玄宗认为，太子无论如何是无辜的，即使受到了韦坚等人的蛊惑，也不会动摇。所以唐玄宗没有处罚皇太子，只是狠狠地责难了一下韦坚等人。

唐玄宗是不会去追究了，但是韦坚的那些朋友弟兄、官僚亲属们却不甘心韦坚这样一棵大树无声无息地便倒了下去，所以韦坚的弟弟韦兰、韦芝等一直在上诉，希望为韦坚平反冤案，并且拉来了太子为其作证，证明韦坚所谓谋立太子的罪名纯粹是遭人陷害，绝无此事。唐玄宗得知此事之后，本来之前稍稍平息的怒火再次熊熊燃烧。

上次太子敢于私下勾结边将和朝中重臣，虽然没有明确的谋反证据，但毕竟是十分犯忌讳的事，玄宗自己碍于父子之情，而且也不愿意留下反复废太子的名声，所以高抬贵手没有深究此事。

此次太子竟然还敢跟韦坚的人来往，甚至还妄图翻案，真是胆大包天！

太子看上次玄宗并没有完全相信李林甫的话，而是轻描淡写地处置了所谓谋反案，就认为此事颇有转机，所以才会被韦兰、韦芝等人说服出来作证。此时见势头不对，于是赶紧倒戈，向玄宗请求休掉自己的韦妃也就是韦坚的妹妹，并且要求从重惩处韦兰、韦芝兄弟，以此来撇清自己，避免受到牵连。

李林甫抓住时机，向皇帝告状，说韦坚不止和皇甫惟明有密切往来，和李适之也是不清不白，准备死灰复燃，否则李适之也不会主动请辞了。唐玄宗一听，认为他说得很有道理。

于是，韦坚等人再次遭受劫难，与之相关的许多人连同韦坚自己，被放逐到偏远地区，李适之也远离东宫，贬为宜春太守。就连韦坚的支持者，如裴宽和河南尹李齐物也相继被贬。

贬官实在不能平息李林甫对李适之、韦坚等人的仇恨，对于这些敢于挑战自己权威，敢于觊觎自己地位的人，李林甫只有一个字：杀！于是他上奏唐玄宗，要求派御史到韦坚等人的贬谪地，将他们赐死。执行任务的是李林甫手下著名的酷吏罗希奭，由于他恶名昭彰，路上所经之处的被贬官员都十分惊慌。

唐朝因公出差的御史可以由沿途官府提供车马食宿，所以要在到达之前先派人前去通知，这种通知要求安排车马食宿的文书被称为排马牒。这次罗希奭手下人不停送出的排马牒简直成了催命符，排马牒送到宜春，李适之就立刻服毒自尽；送到江华，王琚便自缢而死；送到安陆，裴宽本来也想自尽，免受酷吏的非人折磨，但是不忍抛下妻儿老小，便向罗希奭长跪乞命，好在罗希奭的目标并不是裴宽，所以急匆匆地走了，裴宽这才侥幸逃得一命。

李适之死了，李林甫似乎仍然不满意。他派人诬陷李适之的儿子李霅，将他杖毙于河南府；又派人调查韦坚当初的手下，江淮一带当初负责漕运的官吏甚至是纤夫都遭到逮捕。这场腥风血雨的大案一直持续了许多年，直到天宝十一载（公元752年）李林甫去世才停息。

然而，一波未平一波又起，本以为牺牲韦家可以换来暂时安全的皇太子，后脚刚刚从变乱中走出来，前脚便又踏入了另外一个禁区。

天宝五载（公元746年）年末，一场暴风雨没有任何征兆便袭来。当时太子良娣杜氏的父亲杜有邻与自己的另一位女婿柳勣发生了口角争斗，柳勣一怒之下便"告有邻妄称图谶，交构东宫，指斥乘舆"，不仅陷害了自己的岳父，还将自己的连襟太子也陷了进去。

这个柳勣虽然史载："性疏狂，好功名，喜交结豪俊。淄川太守裴敦复荐于北海太守李邕，邕与之定交。勣至京师，与著作郎王曾等为友，皆当时名士也。"但是这位行走于豪杰名士之间的柳勣似乎很没有政治头脑，要知道杜有邻是他的岳父，而他自己也因为姻亲关系不可避免地被视为太子的人。就算他真的能成功地陷害自己岳父，甚至扳倒太子，于他柳勣又有什么好处呢？何况在那种一人有罪牵连全家的年代，他所诬告的这种严重罪名一旦成立，他自己也是要被牵连的。

但是柳勣没有想这么多，被怒气和嫉恨冲昏头脑的他就这样挑起了轩然大波，连他自己都没有想到，原本一场闹剧，竟会发展到一发不可收拾的地步。

此时韦坚案尚未了结，对于敢于与自己的政敌勾结起来反对自己的太子，十分记仇的李林甫自然不会轻易放过，他要抓住这个本来与太子关系不大的案件大做文章，狠狠地打击太子。于是他派出自己手下"能干"的酷吏吉温与御史台御史共同审理此案。

在吉温的审讯下，柳勣不得不按照李林甫所授意的那样供出了自己的好友王曾和李邕，将原本案情简单，牵连不多的案件扩大至中央和地方官员，并且出现"议及休咎，厚相赂遗"这样危险的罪名。于是无辜的李邕被处死，杜有邻也被判处杖责之后流放岭南，而意气用事惹来大祸的柳勣也没有得到什么好下场，同被他诬陷的岳父一样被判处杖责和流放，不久之后杜有邻和柳勣二人便双双死去。

而太子虽然连番遭到李林甫的打击，但是毕竟与唐玄宗是亲生父子，因此玄宗虽然对涉案的其他人员手段狠厉，但是并未太过为难李亨。而李亨也很懂事地将杜有邻的女儿杜良娣废为庶人，撇清了自己与杜家的关系，让父亲放心。于是李亨的太子之位就这样在飘摇之中再一次保住了。

堡垒总是容易从内部攻破，就在李林甫逐步清除政敌之时，他的联盟之中，成长起来了一个具有威胁性的人物，这个人便是一直支持他的财政专家杨慎矜。杨慎矜是隋朝宗室后裔，开元年间担任太府寺卿，掌握着大唐的财政收入，而他的兄弟杨慎名则任司农寺卿，掌握着大唐的农业和粮食。李林甫掌权时，杨氏家族选择追随李林甫，为他掌控全国的财政大权。为了迎合唐玄宗的个人喜好，杨慎矜在李林甫的授意下大开方便之门，放宽限制让唐玄宗肆意挥霍国库中的民脂民膏，享受奢靡豪富的生活，这样唐玄宗自然十分宠信他。

处理韦坚案时，李林甫派时任御史中丞的杨慎矜进行审问，本来李林甫希望借这个案子狠狠打击太子，动摇太子的地位，然而杨慎矜却看出玄宗并不想将案件扩大，也不想牵连太子，于是在审案中保持中立，这引起了李林甫的不满。

杨慎矜的崛起并且开始不听指挥让李林甫感到坐立不安，如此下去，自己的地位终将不保。于是，李林甫决定对自己的盟友动手。杨慎矜自然不会坐以待毙，尝到了被皇帝宠信的甜头的他，决心和李林甫来一次终极对决，昔日的盟友终于转化成了敌人。

高手如果要打击一个人，并不需要自己亲自动手，只需要支持另一个人就成了，关键是那个人必须是自己要打击之人的敌人，而且还要在自己可以有效控制的范围之内。这正好印证一句话：敌人的敌人，就是朋友。

为了彻底打垮敌人，李林甫和杨慎矜都在苦心孤诣地找寻和对手为敌之人，李林甫技高一筹，他首先发现了王𫟼。王𫟼出生于太原的一个名门望族，却是一个私生子，经过一番周折，没有经过科举，便走上了仕途。

自开元二十四年（公元736年）开始，王铁分别在御史台和户部任职，其主要职责便是管理政府财政，推行"和籴"制。由于和杨慎矜同在一个部门，出于各种原因，二人生出了难以调合的矛盾。于是李林甫就想利用他们两人的不和打击杨慎矜，并且以此来杀鸡儆猴，震慑自己那些蠢蠢欲动想要效法杨慎矜的党羽们。于是，一个和杨慎矜相匹敌的政敌就这样崛起了。

相比于李林甫，杨慎矜有两个方面的缺陷，一个就是他的身份，是隋朝皇室的后裔，这个身份在皇帝宠信他时可能无关紧要，但是一旦出事就会成为他身上最致命的罩门。另一个则是他过于迷信，收集了一些谶纬之书，并且与一些僧人来往密切。

面对着日益严峻的政治环境，杨慎矜也意识到了自己的危机日益临近，其实在杨慎矜的心目中，李林甫无论是谋略还是势力，始终高自己一筹，和李林甫作对，即使有皇帝支持，也没有必胜的把握。所以他迷信的思想开始作祟，找来一个术士，问他该何去何从。那个术士向他预言，接下来将会天下大变，乾坤逆转，爆发一场政治动乱，如果要明哲保身，就必须去乡村购置一些产业，即使政治动乱爆发，杨慎矜也可以全身而退。

岂料这件事情竟然让王铁知道了，正中下怀的王铁向唐玄宗上了一道奏章称：杨慎矜"是隋家子孙，心规克复隋室，故蓄异书，与凶人来往，而说国家休咎"。唐玄宗虽然想要安享逸乐、纵情声色，但是他绝对不希望李氏江山亡在自己手中。所以乍一听杨慎矜谋反的消息，唐玄宗还有些不信，仔细一想，宁可信其有，不可信其无，唐玄宗立马将杨慎矜逮捕下狱，打入天牢。

一旦杨慎矜进了大牢，李林甫就有太多的手段可以让他有进无出，让他对自己的罪行供认不讳。果然，在李林甫的几番活动下，唐玄宗相信了杨慎矜谋反的事情，一怒之下将杨慎矜、杨慎余、杨慎名兄弟三人统统处死。然后，李林甫借此机会继续打击杨氏兄弟的余党，将一批与杨慎矜有牵连的官员贬官流放，受到牵连的有十几家之多。

通过屡兴大狱，李林甫将身边的对手一一清除，转而换成了自己的心腹或者无所作为之人。在此过程中，下一任的奸相杨国忠，在朝堂纷争中浑水摸鱼，得以发展壮大，而朝堂中的正直之士和能臣干吏纷纷遭到打击。不仅人才凋零而且幸存下来的大臣们无不噤若寒蝉、人人自危，政治气氛十分紧张，因而出现了小人进、贤臣退的乱世先兆。

同时，李林甫提拔的一干党羽也并非省事之人，大多为希图功名、野心勃勃而又阴险狡诈的小人。在李林甫兴起的数件大案中，不少人因为替李林甫办事而得以晋升，掌握更大的权力，这些人中也有一些不甘于一直在李林甫之下，因此也在筹谋取而代之，其中就包括构陷杨慎矜的王鉷。

在李林甫的支持下，王鉷轻易地坐上了杨慎矜的位置，接管了他的所有财政工作，如此一来，许多财务的专门司署都被置于王鉷的控制之下。以前杨慎矜虽然纵容唐玄宗的奢侈，但是他自己还算廉洁自爱。而王鉷却一改杨慎矜的为官风格，利用职务之便，大肆搜刮民脂民膏，许多财富都流入自己的腰包。

为了让唐玄宗过上更加奢侈的生活，王鉷不惜打破李林甫税

明皇幸蜀图　唐　李昭道

迎玄宗還京圖

务方面的定额规定,对民间征收重税。唐玄宗不知民间疾苦,还以为大唐歌舞升平,四海人民安居乐业。王铁遂更加肆无忌惮,民间则日益贫苦。自此,王铁对唐玄宗的影响力和对唐王朝权威的破坏性,比之杨慎矜有过之而无不及。

文盲的好处

杨慎矜还没有达到一个可以彻底威胁李林甫的高度,便被李林甫无声无息地消灭在了襁褓之中。本来以为可以高枕无忧的李林甫,突然又意识到一个巨大的威胁临近,从天宝元年(公元742年)开始,至天宝五载(公元746年),这个威胁已经先后控制了朔方和河东两个军事重镇。

不久之后,他还继承了皇甫惟明位置,做了河西和陇右的节度使,在对吐蕃的战争中,他也取得了卓越的成就。此时,大唐虽然潜藏着深刻危机,但是国力和军力仍然强盛,再加上此人带兵多年,一直以用兵谨慎而著称,所以在边境战争中,唐军经常能够获取对吐蕃战争的胜利。

这个威胁便是王忠嗣。王忠嗣,原名王训,他的父亲就在军队中效力,并且在一次战争中为国捐躯。为了表彰他父亲的功勋,九岁的王训被皇帝赐名王忠嗣,并被授予朝散大夫、尚辇奉御的官衔,而且还被接入宫中养育,与太子李亨一起长大,关系很好。

成年以后，王忠嗣果然继承了父亲的遗志，成为一名精通武略的将军，备受唐玄宗的赏识，后来在边关立下赫赫战功。到了天宝五载（公元746年），王忠嗣已经兼任河西、陇右、朔方、河东四镇节度使，其军权之盛、势力之大达到前所未有的程度，史称"忠嗣佩四将印，控制万里，劲兵重镇，皆归掌握，自国初以来，未之有也"，而他少年的经历则使他与太子关系密切，同时在朝中也形成了一方势力，足够和李林甫分庭抗礼。

王忠嗣的谨慎，让他能够很好地避免失败。天宝六载（公元747年），唐玄宗向驻守河西陇右的唐军下令，攻取青海湖以东地区的一个吐蕃要塞石堡城。王忠嗣早就看出这个地方易守难攻，而且吐蕃军队防守十分严密，如果贸然进攻，不但很难取得成功，反而会损兵折将。于是，王忠嗣向唐玄宗说明了自己的想法，拒不参战，也请求唐玄宗不要轻易发动进攻。

然而，唐玄宗却不相信他的话。一直以来，唐军在对吐蕃的战争之中，胜多败少，他认为此番如果唐军能够乘胜追击，定然可以打敌人一个措手不及，将吐蕃的领土压缩得更小，让吐蕃从此不敢和唐朝言战。

这时，另一个贪功冒进之人董延光接下了唐玄宗的命令，孰料一战下来，唐军几乎全军覆没。为了推卸责任，董延光便诬陷王忠嗣阻挠军事计划，这才导致了唐军的落败。此事本来是边疆将领之间的斗争，实在与身处内宫的太子没什么关系，但是在李林甫的眼中，处处都是陷害太子的机会。

李林甫趁着唐军大败、玄宗恼怒不已的时候，向他进言，说当今的皇太子，又要准备谋反了，而支持他的除了一些王爷之外，还有边镇节度使王忠嗣。据可靠消息，王忠嗣已然答应了太子的要求，在关键时刻出兵，助他一臂之力。

不管有没有这件事情，唐玄宗还是将王忠嗣调到长安，让他接受审查。经过审讯，王忠嗣最终被判死刑，多亏他的继任者，后来安史之乱中大名鼎鼎的哥舒翰千里迢迢赶回京城，在玄宗面前力保王忠嗣，这才打动了唐玄宗，最后王忠嗣被贬为汉阳郡太守。不知道是不是玄宗已经看透了几次三番的所谓太子谋反案都是李林甫的阴谋陷害，所以玄宗以证据不足为由，并没有处置太子。不久以后，王忠嗣突然病死。

李林甫在这一时期多次的党争之中取得了完胜的成绩，真正全面掌控了朝堂，相信只要不出意外，天下之大，已经没有可以威胁他地位之人了。但是对于唐朝而言，这一时期的斗争却是唐朝不可弥合的伤痕。

更让人担心的是，大贪官王铼掌控了国家财政大权，前代的宇文融、韦坚和杨慎矜都知道如何平衡国家财政收支，如何实现国富民强，但是王铼却只知道中饱私囊，满足个人无底洞一般的贪欲。

国之干城王忠嗣去世之后，大唐损失了一员大将，后来哥舒翰在玄宗的压力下被迫出战，以数万人的损失攻下了石堡城，其损失惨重远远超过了收获的价值。后来边镇之中无人能够制衡安禄山的势力，以至于爆发安史之乱这样的惨剧，其中也很难说不是王忠嗣早死的恶果。

国家和皇帝在堕落，人民百姓在挣扎，危机威胁日益临近，而唐玄宗、李林甫、王䥽等人尚且没有半点觉醒。为了维护自己的地位权力，李林甫开始采取措施，实现对边镇的进一步控制，稳定和扩大自己的实力，满足自己越来越大的野心。

经过开元之治，天下承平日久，然而自天宝年间开始，政府通过或者巧取或者豪夺的方式，将人民的财富都掠夺到了统治阶级的腰包中，尤其是如王䥽、杨国忠这样的官员，更是掠夺无忌。唐玄宗只知道自己整日都过着锦衣玉食的生活，丝毫不管民间疾苦，他还经常让百官去尚书省观赏天下所上贡的珍奇异宝，事后则将之悉数赏赐给了李林甫。

多行不义必自毙，李林甫自然也知道，今日的地位与他铁血打击政敌有着莫大的关系。正所谓野火烧不尽、春风吹又生，他相信终有一天，自己那些敌人会将自己推向死亡的深渊，眼下自己能做的，只能继续向前，继续走这一条不归路。

经过了皇甫惟明和王忠嗣的谋反之事，李林甫深刻认识到边镇将领的威胁，尤其是让那些有着干预朝政的野心，也有着超人的才能的官员担任节度使，对于自己地位的巩固实在是危险之极。虽然在对付皇甫惟明和王忠嗣的过程中，李林甫胜利了，但是谁也不能保证，这种干预朝政的事情以后还会不会发生，如果要彻底杜绝这种现象，就必须从根源上、制度上解决这个问题。

自唐立国以来，大凡是边镇重镇，都用的是名臣，只有德才威望兼备，才能够不负众望，前去统帅边关重镇。为了防备手握重兵的边镇将领拥兵自重，这些将领从来不被允许在一个地方久任，自然也不允许出现一人兼顾几个边镇的现象。这就会引发一个问题：当边镇首领荣膺大功之后，怎么给他们封赏？唐王朝发明了一种方法，即将那些有功之人调到中央做官，甚至封侯。这样一来，首先可以在中央制约那些位高权重的将领，其次则可以用加官晋爵的方式，让他们对皇帝感恩戴德。

早在天宝三载（公元744年），安禄山便是范阳和平卢的两镇节度使，此后又控制了河东地区。安禄山还有一个堂兄弟安思顺，河西和朔方分别在天宝六载（公元747年）和天宝十载（公元751年）被他控制。此外，还有一个将领，就是继王忠嗣之后的哥舒翰，坐镇陇右，扼守长安咽喉。在安西，则是高仙芝一家独大。

值李林甫专权之际，李林甫和他的智囊团联合商议后，发现要彻底解除边镇对朝政的威胁，就必须选择一些少数民族将领担任节度使。因为在李林甫看来，这些蛮夷将领只是在军事上拥有野心，对于中原王朝的朝政却提不起半点兴趣。

于是，在李林甫的主导下，唐玄宗同意李林甫实施他所制定的边镇节度使制度。此后短短三四年时间，只剩下蜀中剑南节度使依然为汉人所据，边镇权力落入了少数民族将领的手中，中央王朝的实力进一步削弱。

这些政策，虽然暂时性地遏制了自己政敌的崛起，却培养了一些具有狼子野心之人，即使他们无心造反，但如果朝廷继续在李林甫的左右下任意行事，一旦爆发矛盾，中央将无兵可防，天下即将大乱。

第六章

多情贾祸，爱江山又爱美人

后宫一枝梅

武惠妃在陷害了太子李瑛之后不久便去世了，年仅三十八岁，宫中盛传她是因为陷害李瑛等人而遭到鬼魂的报复才一命呜呼的。通过此事，唐玄宗似乎已经看出些端倪，俗话说，平时不做亏心事，半夜不怕鬼敲门，这武惠妃定然是做了什么事情，让自己整天疑神疑鬼，最终香消玉殒。

不管如何，唐玄宗还是深深地爱着这个女子，并没有因为怀疑她诬陷之事而有半分减弱，武惠妃生前没有达成做皇后的梦想，死后倒是圆了她的皇后梦，得到了"贞顺皇后"的名分和尊荣入葬敬陵。面对这样一位以谗言杀害自己三个儿子的女人，唐玄宗竟然没有半点震怒，反而赐予她尊荣和名分，还授予了贞顺的令名，不得不让人叹息。

逝者已矣，唐玄宗的生活还需要继续，而且还需要幸福地继续下去，天涯何处无芳草，何必单恋一枝花，是唐玄宗的一贯宗旨。至少在杨玉环之前，他是这样认为的。

高力士见皇帝整日郁郁寡欢的样子，便率领一些随从去江南，专门为皇帝寻访美女。然而，几个月过去，依然未果，虽然有一些女子尚且看得上眼，但对于眼高于顶的唐玄宗而言，这些人不过是庸脂俗粉，高力士只能继续寻找。

这日，高力士一行到了莆田（今福建莆田市），机缘巧合之下，发现了一个兰心蕙质的女孩，她就是江采萍。江采萍生于莆田的一个医学世家。从小聪明过人的江采萍，在九岁之时，便能够诵读《诗经》。她的名字"采萍"，便是其父亲根据《诗经·召南》而取的名字，可见其父亲对江采萍寄予了很高的期望。见到这位漂亮的采萍姑娘，高力士顿时惊为天人，凭借他对玄宗的了解，他相信只要这个女子能够进宫，定然能够博取皇帝的喜欢。

果然不出高力士所料，江采萍进宫之后，很快得到皇帝的青睐，成为他最为宠爱的妃子。由于江采萍特别喜爱梅花，玄宗便命各地官府搜罗珍异的梅树品种送到京城，种植在江采萍的宫中，每当梅花盛开时节，她便如同一只翩翩起舞的蝴蝶，在花海之间流连忘返，人面梅花相互映照，更显得其美貌。深深为这美人美景所吸引的唐玄宗因此亲昵地称呼江采萍为梅妃，偶尔还戏称为"梅精"。此时此刻，江采萍算得是天下最美丽最幸福的女子，得到了皇帝的宠爱，更有美丽的梅林相伴，满目山河皆霞彩，天上人间也不过如此了。

更为可贵的是，江采萍不仅有着沉鱼落雁之貌，更有着女子中少见的文学才华，时常以谢道韫自况，还曾经写作《萧兰》《梨园》《梅花》《凤笛》《玻杯》《剪刀》《绮窗》等七篇赋文。

此外，她还擅长音乐、舞蹈、茶道，而且聪慧颖悟识大体，是一位难得一见的才女。一次唐玄宗带她一起去参加诸王的宴会，席间大家三三两两地开始当时在贵族中流行的斗茶活动，不一会儿，玄宗便输给了江采萍，于是便故作无奈地对诸王介绍："这是梅精，她吹着白玉笛，跳《惊鸿舞》的样子光彩照人，足可使满室生辉，现如今斗茶又胜过了我，唉！"

　　江采萍听了笑一笑，朗声说："这不过是游戏之事，偶尔胜过了陛下。可是陛下手握乾坤，脚踏江山，威震朝纲，开大唐盛世，这又岂是臣妾能够相比较胜负的呢？"

　　然而好景不长，自古君王多花心，不久另一个绝世美女入宫了，那就是历史上毁誉参半的杨玉环，她刚一入宫，便彻底取代了江采萍的位置。失去了皇帝宠爱的梅妃被打入了冷宫。这一天一地的变化，梅妃还没有反应过来，便突然摆在眼前。过去各地为了迎合得宠的梅妃，不惜以重金购置优良梅花献给她，如今再听驿站快马之声，送的却不再是梅花而是杨玉环嗜好的荔枝了，物是人非事事休，梅妃也只能欲语泪先流了。

　　一次，唐玄宗忽然想起梅妃，于是派人召至寝殿重叙旧情，得知此事的杨玉环醋意大发，赶快跑来"捉奸"。听到杨玉环来了，玄宗急忙将梅妃藏起来，自己出去迎接，命小宦官趁此机会将梅妃从后门送回去。

　　后来，玄宗派人将梅妃落下的鞋子和头饰送回去，梅妃对来人说："上弃我之深乎？"对方只好安慰她说："上非弃妃，诚恐太真无情耳！"梅妃听了摇头苦笑："恐怜我则动肥婢情，岂非弃也?"

就这样,江采萍在与杨玉环的斗争中彻底败北,面对着冷宫的萧索,她不禁想起了汉武帝的皇后陈阿娇,她的际遇和自己何其的不同,但是为了博取别人的青睐,她们的手法却是何其的相似。当初陈阿娇不惜千金,去购买司马相如的一篇诗赋。如今的梅妃,则是托高力士为唐玄宗赠送自己写的诗赋,以求博取玄宗的同情,获得重新得宠的机会。只可惜,今时不同往日,高力士是个见风使舵之人,加上杨贵妃对高力士不错,他自然甘心为杨贵妃所驱使,遂毫不留情地拒绝了梅妃的请求。

于是梅妃只能写一篇《楼东赋》亲自呈给唐玄宗:

"玉鉴尘生,凤奁香珍。懒蝉鬓之巧梳,闲缕衣之轻练。苦寂寞于蕙宫,但凝思乎兰殿。信标落之梅花,隔长门而不见。况乃花心?恨,柳眼弄愁。暖风习习,春鸟啾啾。楼上黄昏兮,听风吹而回首;碧云日暮兮,对素月而凝眸。温泉不到,忆拾翠之旧游;长门深闭,嗟青鸾之信修。忆太液清波,水光荡浮,笙歌赏宴,陪从宸旒。奏舞鸾之妙曲,乘画之仙舟。君情缱绻,深叙绸缪。誓山海而常在,似日月而亡休。奈何嫉色庸庸,妒气冲冲。夺我之爱幸,斥我乎幽宫。思旧欢之莫得,想梦著乎朦胧。度花朝与月夕,羞懒对乎春风。欲相如之奏赋,奈世才之不工。属愁吟之未尽,已响动乎疏钟。空长叹而掩袂,踌躇步于楼东。"

杨玉环知道了此事,恼恨梅妃在赋中骂自己"嫉色庸庸,妒气冲冲",更不能容忍这个曾经得到皇帝专宠的梅妃几次三番地挑战自己,妄图死灰复燃。于是她怒气冲冲地找到玄宗:"江妃庸贱,以诔词宣言怨望，愿赐死。"然而毕竟玄宗曾经深爱这个女子，如今虽然移情别恋，但仍然对她怀有愧疚，于是默默不语，没有答应杨玉环的要求。

事后玄宗派人悄悄赏了梅妃一斛珍珠，聊表自己的歉意。然而珍珠虽然珍贵，却让梅妃更加地伤心，难道自己的一番痴情，换来的仅仅是几颗珍珠？伤心之余，梅妃的高傲支撑她将玄宗的施舍退还了回去，并且写了一首诗让来人带回去呈给玄宗："柳叶双眉久不描，残妆和泪污红绡。长门自是无梳洗，何必珍珠慰寂寥！"

安史之乱以后，唐玄宗回到宫中，此时杨玉环已去世多年，顿感身边十分孤寂，于是又想起了梅妃。他以为梅妃在战乱中走失了，便派人四处寻访，然而终究没有找到，后来有人呈上一幅梅妃的画像，玄宗凝视良久，然后哀叹道："甚似，但不活耳。"伤感之下便在画上题了一首诗：

忆昔娇妃在紫宸，铅华不御得天真。

霜绡虽似当时态，争奈娇波不顾人。

梅妃这一生，虽然曾经宠冠一时，但终究落得个悲剧下场，自古红颜多薄命，不禁让人扼腕叹息。不过，关于梅妃的种种事迹并不见于史传，仅有作者已经不可考的唐传奇《梅妃传》一篇记录着这位奇女子的一生，是否真的有梅妃其人，也就随着历史的尘埃，沉淀成一个难以考证的谜团。

儿媳妇与妃子的关系

安史之乱从根源上说,是边镇节度使制度的弊端导致边境将领尾大不掉,中央无兵可用,加上李林甫进行的一系列清洗政策,让中央没有良才良将可堪大任,君王昏聩,国家堕落,人民困苦等一系列原因所导致的结果。但是安禄山和杨国忠的冲突,则是直接的导火索,而这一切发展的脉络,还需要从杨氏家族的崛起开始说起。

杨氏家族的崛起,源自杨玉环的飞黄腾达。古代除了武则天时期,一般而言,女子是不可能出仕做官的,要想光耀门楣、光宗耀祖,就只能依靠男人,最显赫的便是进入皇宫,成为妃子甚至是皇后。一旦麻雀变凤凰,其亲人便可以借机鸡犬升天,杨玉环及其家族走的便是这条路线。

杨玉环,字太真,蒲州永乐(今山西芮城西南永乐镇)人,杨玉环属于华阴杨氏家族的一支,更是隋朝皇室的远方后裔。杨玉环的高祖父做过隋朝的上柱国、吏部尚书,父亲杨玄琰是蜀州

（四川崇州）司户参军（从七品下的小官），因此杨玉环的童年是在四川度过的，到了十岁左右，其父去世，她便被寄养于在洛阳任职的三叔杨玄璬家。

杨玉环自小便学习音律，能歌善舞，姿色超群。此外，对于诗词歌赋也有所涉及，例如杨玉环所作的《赠张云容舞》："罗袖动香香不已，红蕖袅袅秋烟里。轻云岭上作摇风，懒柳池边初拂水。"后世之人对之评价说："诗不为佳，却字字形容舞态，出语波俏，亦足见其风致可喜。"

开元二十二年（公元734年）十一月，十七岁的杨玉环作为杨玄璬的长女被选为了玄宗第十八子寿王李瑁的妃子。由于李瑁是玄宗当时最宠爱的武惠妃的爱子，因此玄宗亲自为他们主持了盛大的婚礼，不仅场面极尽奢华，而且还由当时的宰相李林甫和陈希烈作为册封文书的正副使者，足见唐玄宗对这次婚事的重视，只不过他没有预料到，这次婚姻会演变成为名传千秋的绯闻。

武惠妃死后，唐玄宗百无聊赖、十分寂寞，于是高力士便四处为他寻找美女填充后宫。除了江采萍以外，高力士还看上了丰满圆润、能歌善舞的寿王妃杨玉环，杨玉环不仅姿色冠代，倾国倾城，而且"最善于击磬拊搏之音，泠泠然新声，虽太常梨园之能人，莫能加也"，此外她还精擅舞技，能跳当时流行的高难度西域舞蹈胡旋舞。玄宗一见，果然不负自己期望，顿时大悦，心生将之纳入自己罗帐的意图。

但是唐玄宗尚且不敢直接将杨玉环召进宫中，因为她毕竟是皇家明媒正娶的儿媳，受过正式册封的寿王妃，如果明目张胆地纳入宫中恐怕会招人诟病，所以他想了一个法子，命人前去寿王府传旨，以为逝者追福的名义，将杨玉环度为女道士。或许是杨玉环意识到，自己的机会来了，所以她毫不犹豫便主动进了宫，住在大明宫的道观太真宫内，并且由玄宗钦赐道号"太真"。这一年杨玉环二十一岁。

唐玄宗所做的一切，不过是为了避人耳目，方便他们偷情。终于可以在一起的杨玉环和唐玄宗二人之间的感情升温得很快，杨玉环很快就取代了武惠妃在唐玄宗心目中的位置，"太真……每倩盼承迎，动移上意，宫中呼为'娘子'，礼数实同皇后"。虽然此时杨玉环仍然不能得到册封，只能被宫中之人以百姓称呼妻子的方法不伦不类地称一声"娘子"，但是她已经得到了形同皇后的礼遇，并且紧紧抓住了皇帝的心。

至此，杨玉环终于完成了她人生中重大的华丽转身，从王妃转而成为皇帝的宠妃。由于杨玉环的聪明机智，善于揣人心意，很快便走入了唐玄宗的内心，那个曾经挥之不去的影子武惠妃，那个一度担任武惠妃替代品的梅妃，都渐渐消失在杨玉环和唐玄宗的欢声笑语之中。

恰如著名诗人李商隐在《骊山有感·咏杨妃》里所写："骊岫飞泉泛暖香，九龙呵护玉莲房，平明每幸长生殿，不从金舆惟寿王。"一方面，唐玄宗不顾人伦，让寿王既郁闷又尴尬，而且还敢怒不敢言。这能怪谁呢？唐玄宗是当时最为强大的男人，寿王自然抢不过他。杨玉环除了拥有倾国倾城的绝世容颜之外，对于唐玄宗的生活体贴入微、凡事知心解意，让唐玄宗立马将她当作了自己的精神伴侣。

天宝四载（公元745年）八月，杨玉环正式被册封为贵妃。在唐朝，"贵妃"的封号并不是地位高于"妃"而低于"皇贵妃"的品阶，而是地位仅次于皇后的四妃（贵妃、淑妃、德妃、贤妃）之首，后来玄宗改变了妃嫔制度，取消了贵妃的封号，将四妃改为三夫人（惠妃、丽妃、华妃）。此时，由于玄宗不愿意将去世不久的武惠妃的封号改授杨玉环，又不愿意委屈她，封为位次较低的丽妃或华妃，所以又恢复了贵妃的封号。"太真""娘子"等称呼统统从宫廷中消失，从此以后在宫里只有无冕之后杨贵妃！

自此，杨玉环得以在更加广阔的舞台上施展自己的绝世姿容，朝廷政务只要她想要干预，就没有人能够阻拦。几年之后，她利用自己的地位和姿容，成了安禄山的密友，并收了这位魁梧的将领为义子。

就这样，有关安禄山可以自由出入禁宫，与杨玉环及其姐妹淫乱后宫的传闻便不胫而走，如在姚汝能的《安禄山事迹》中记载称："（安禄山生日）后三日，召禄山入内，贵妃以绣绷子绷禄山，令内人以彩舆舁之，欢呼动地。玄宗使人问之，报云：'贵妃与禄山作三日洗儿，洗了又绷禄山，是以欢笑。'玄宗就观之，大悦，因加赏赐贵妃洗儿金银钱物，极乐而罢。自是，宫中皆呼禄山为禄儿，不禁其出入。"

也就是说安禄山生日的时候，唐玄宗和杨贵妃赐给安禄山丰厚的生日礼物。三天以后，杨贵妃特召安禄山进见，替他这个"大儿子"举行洗三仪式。杨贵妃让人把安禄山当作婴儿放在大澡盆中，为他洗澡，洗完澡后，又用锦绣料子特制的大襁褓，包裹住安禄山，让宫女们把他放在一个彩轿上抬着，在后宫花园中转来转去，口呼"禄儿、禄儿"嬉戏取乐。

玄宗听说以后也加入进来，还装模作样地赐给杨贵妃金银财物作为洗三的贺礼，从此以后宫中众人都称呼安禄山为"禄儿"，而安禄山也得到允许可以随意出入宫禁。可见在当时和后世都不断猜测的安禄山与杨贵妃的种种暧昧也并非空穴来风。

但是唐玄宗始终不相信这些传闻，甚至对于那些传播者一律严惩不贷，而且通过一些调查，唐玄宗发现很多传闻其实都是凭空虚构，很可能是那些看不得杨玉环之人有意为之。

晚年的唐玄宗对于杨贵妃不仅极其宠爱，甚至于到了依赖的程度，在他的溺爱下，杨贵妃养成了娇宠任性、霸道善妒的性格，甚至敢不时地同九五之尊的唐玄宗闹别扭甚至吵架。史书中记载，唐玄宗因为受不了杨贵妃的霸道任性而两次将她遣送回娘家，然而他自己却坚持不了多久就忍不住派人再去杨家将她接回来。

天宝九载（公元750年），杨贵妃因为争风吃醋而与玄宗大吵了一架，玄宗正在气头上，于是就派人将杨贵妃送回了娘家。可是没过多久，玄宗就忍受不住没有杨贵妃的生活，耐不住寂寞，可是碍于颜面又不愿意派人去接她回来，只好拿身边的人撒火出气。后来经过李林甫党羽吉温的劝说，玄宗同意派人到杨家去看看杨贵妃怎么样了。

谁知此时杨贵妃也十分思念唐玄宗，后悔自己过激的言行，于是泪流满面地抽出剪刀剪下一缕秀发交给来人说："珠玉珍异，皆上所赐，不足充献。唯发父母所生，可达妾意，望持此伸妾万一慕恋之诚。"接到杨贵妃的断发，更加勾起了唐玄宗对她的思念之情，更何况杨贵妃已经表示了悔过，于是唐玄宗便高高兴兴地派人将杨贵妃接回了宫中。

随着杨玉环的得宠，杨氏家族的身份也立马高贵起来，朝廷追赠其父杨玄琰为兵部尚书、正三品，后来又赠太尉、齐国公，母亲被追封为凉国夫人，她的叔父杨玄珪被授为光禄卿，后又升为工部尚书。此外，在杨贵妃较远的亲戚中，也有很多人成了朝中权贵，如隔代堂兄杨锜担任御史并娶武惠妃之女太华公主为妻，和皇帝亲上加亲。另一个兄弟杨铦担任鸿胪寺卿。

第三个更为阴险的人物是杨钊，后来玄宗赐给他人们所习知的名字——国忠。

而杨贵妃的三个姐姐也分别被封为韩国夫人、虢国夫人、秦国夫人，并且获得了皇帝赏赐的住宅，住在京城中，可以随意出入宫廷，不仅唐玄宗客气地称她们一声"姨"，而且皇子、公主们也对他们礼让三分，不敢造次。其中虢国夫人还曾经与玄宗有过暧昧，因此最为受宠，并且借此干预政事，行营私舞弊、卖官鬻爵之事。

由于杨氏家族的鸡犬升天，当时社会上便流传开来这样的谣谚："生女勿悲酸，生男勿喜欢。"又云："男不封侯女作妃，看女却为门上楣。"随着后宫政治造成的杨氏家族的崛起，宫廷事务中又添进了另一新的内容——声色犬马。

走后门的杨国忠

天宝九载（公元750年），依靠杨贵妃和唐玄宗起势的杨钊为了表示自己的忠诚之心，上奏皇帝，其字中"金""刀"二字于图谶上不吉，请求允许改名，于是玄宗便为他赐名"国忠"。只要有杨贵妃和唐玄宗两棵大树，杨国忠相信天下之大，已经无人可以和自己抗衡，即使是李林甫也无法逃出自己的五指山。的确，李林甫虽然权势滔天，却难以和有唐玄宗和杨贵妃支持的杨国忠相抗衡，所以一直处于被动地位。不久，杨国忠再次向李林甫发起了进攻。

这件事的起因来自于李林甫阵营内部，李林甫的心腹王鉷在替李林甫办事的过程中也越发得到皇帝的信任，抓了不少权柄在手，官封户部侍郎兼御史大夫、京兆尹，此外还兼有二十多个职衔在身，每日里来找他签字办事的吏员在他家门口排队，甚至一天都排不上号。王鉷的弟弟王铧、儿子王准也在朝中任官，分别担任户部郎中和卫尉少卿的职务。

而且玄宗也十分宠信王铁，时常派宦官到他家去颁赐赏物，因此李林甫在他面前也不得不退让三分，不敢太过作威作福。不过由于王铁为李林甫办事一向忠心耿耿、谨慎小心，所以李林甫也不担心他会造自己的反，没有因为嫉妒他得宠而疏远甚至排挤他。

不过王铁的弟弟王铧却是一个野心勃勃、志大才疏的凶险不法之人，他见哥哥王铁权势熏天，便脑筋一热筹谋起谋逆之事，更荒唐的是他没有找幕僚谋士来商量计划，却派人找算命的来为他看相。有人为他找来了当时有名的术士任海川，王铧见算命的来了，哇啦地开口便问："我有王者之相否？"

任海川听言吓坏了，还以为这位大人请自己来是要看家宅风水，或是为新添的小公子算命的，谁知对方张口就问出这么一句大逆不道的话，这样的话听者都有罪，哪还有回答的心思？任海川二话没说拔腿就跑。

王铧看到自己把算命的吓跑了，丈二和尚摸不着头脑，也就听之任之了。还是王铁知道以后赶快派人追捕，唯恐王铧算命之事泄露出去，引来祸延全家的大罪，抓到任海川之后，王铁找了个借口迅速将他杀了灭口了事。安定公主之子韦会偶然知道此事与别人私下谈起，被王铁得知，于是派人也将他杀了。

王铧虽然碰了任海川的钉子，但是谋逆之心十分坚定，于是锲而不舍地又搞起了阴谋。这次他找到他的死党朋友刑一起策划控制龙武军并除掉李林甫、陈希烈和杨国忠这三大权臣。只要这三个人一死，整个天下便无人可以阻挡他们谋朝篡位的举动。却不料唐玄宗探知到朝中有人谋反的消息，不过玄宗并不知道这件事情其实和王𫓯有关系，甚至都不确定是谁主导的，便命王𫓯将刑𫘧逮捕起来。

王𫓯知道王铧应该在刑𫘧家里，于是假意派人去找弟弟过来，其实是让人去通知刑𫘧逃跑，过了好久才派人到刑𫘧家去抓人。孰料刑𫘧竟然没有逃跑，还纠集了几十个人拿着刀剑与来抓捕的官军搏斗，官军准备不足，带的人不多，差点被刑𫘧等人打跑。

消息传回朝廷，王𫓯一边暗骂刑𫘧动作慢，一边无奈只能跟着虎视眈眈的杨国忠带领军队前去增援，此时玄宗身边的高力士也率领护卫宫廷的飞龙军赶来。王𫓯一看此事已经闹到了玄宗跟前，无法再徇私放走刑𫘧，只能看着高力士派人将刑𫘧一伙人一网成擒。

一行人来到御前，报告抓捕经过，杨国忠本就到处找机会打击李林甫的党羽，现在王铧闹出这么大的事情，他岂肯放过这大好良机？于是他斩钉截铁地对玄宗说："铧必预谋。"玄宗琢磨着王𫓯跟了自己这么多年，自己一向待他不薄，他怎么会造反呢？于是摇头不信，李林甫也抓住时机为王𫓯辩护。

于是唐玄宗下令特赦王铧，不问其罪，其实是给王𫓯一个机会，希望他能够亲自上表为王铧请罪。这样既可以处死心怀不轨的王铧，又可以使王𫓯博得大义灭亲的名声，为他撇清与王铧谋反案的关联，一举两得。玄宗为自己的主意深感得意，于是派杨国忠前去向王𫓯暗示自己的意思。谁料王𫓯与王铧兄弟情深，不忍用亲弟弟的血染红自己的官袍，竟然坚决不肯，玄宗一场心思落空，十分恼怒。

这时，一个李林甫意料不到的人出头咬了他这个心腹一口，他就是一向被李林甫拿来做摆设的陈希烈。此人颇有才学，而且精通玄学，颇得玄宗爱重，虽然他能够当上宰相多得李林甫之力，他也十分感恩。但是毕竟傀儡并不好当，陈希烈虽为宰相却有名无实，朝政大权多年被李林甫所把持，他陈希烈无非就是一枚橡皮图章。所谓泥人也有土性，多年受李林甫窝囊气的陈希烈早就不想忍下去了，此次抓住机会跳了出来，在李林甫的要害处狠狠咬了一口。

陈希烈在唐玄宗气头上上奏称王铁大逆不道，罪在不赦，请玄宗下令诛杀此逆，被王铁的执拗气得不轻的玄宗于是下旨命陈希烈与杨国忠负责此案，审讯王铁、王铧等人。王铁落在这两个冤家对头手中哪里还能有好下场？于是当初王铧算命的事包括杀任海川、韦会灭口的事统统被抖了出来。

案情至此已经十分清楚了，于是王铁被赐自尽，王铧被拖于朝堂上在众目睽睽之下乱棍打死，王铁的儿子王准、王俦被流放岭南，不久也被杀害。当初王铁得势之时亲朋好友上门巴结者无数，每日门口都车马盈门，现在一家横死竟无人收尸，还是当初手下幕僚裴冕冒着被牵连的风险为王氏父子兄弟收尸安葬。

这样一来，不仅王铁一家被彻底打垮，李林甫失去了左膀右臂，也遭受了沉重的打击，王铁当初是受到李林甫的举荐才坐上了如今的位子，案发后他又为王铁辩护，有着同犯的嫌疑。而同时经过此案,李林甫的强劲政敌杨国忠得到了莫大的好处,升任京兆尹、御史大夫、京畿、关内采访等使,总之之前王铁兼任的所有职衔全部归了杨国忠。此外,边关之上极具实力的哥舒翰对李林甫也是恨之入骨,让李林甫身处四面楚歌水深火热之中。所有的现象都表明,属于杨氏家族的时代即将到来。

相见争如不见

朝堂上的权势争夺如火如荼，而在边关上，一场危机正在来临，并如同蝴蝶的翅膀一样即将在朝堂上卷起一股风暴。

起因是安禄山营中的一场叛乱，主谋是一个不愿在安禄山麾下效劳的突厥降将阿布思，阿布思归降唐朝后，取了一个汉人名字，叫作李献忠。天宝十一载（公元752年），安禄山集结了一支二十万人的军队，准备攻打契丹，以雪之前的战败之耻，并且命令李献忠统领朔方边镇的骑兵加以援助。

李献忠觉得此事蹊跷，因为自从他进入安禄山帐下就一直与这位嚣张跋扈、目中无人的将领不和，此次安禄山发兵二十万攻打契丹，契丹人还不望风而逃，哪里用得着他率军援助呢？安禄山这样安排，明摆着是将一场大功劳分给自己，可是自己素日与他关系紧张，他又怎么肯做这样的事呢？李献忠越想越不对，这安禄山莫非是要在战场上借机干掉自己的亲信部队，杀了自己这个冤家对头吧？

想到此处，李献忠坐不住了，他决定保全自己，既然自己是个突厥人，对于北方大草原比任何人都了解，更何况他还担任着朔方节度副使的职位，已经控制了大量的军队，只要在安禄山猝不及防之下发动叛乱，定然可以杀他一个措手不及。

果然，正在安禄山准备大举进攻契丹之时，阿布思发动了叛乱，偷袭了朔方的军械库和粮仓，然后逃进大草原。安禄山征讨契丹的计划便宣告流产了，这样一来，不仅边关骤变，还引发了朝廷的一阵腥风血雨。

当时，王铁一案正在审理过程中，杨国忠接到报告说安禄山帐下的突厥降将阿布思发动了兵变，顿时灵机一动，想到这是一个用来拉李林甫下水的好机会。因为当初李林甫担心立下战功的边将回朝以后对他的相位产生威胁，于是大力建议唐玄宗大肆任用不识汉字的少数民族人为边镇节度使，现在安禄山帐下出了这样的事情，李林甫虽然并不负有直接责任，但也很容易成为别人责难的对象。

于是杨国忠便想办法让王铁案中的主犯之一邢縡招供李林甫勾结王铁和阿布思，并且由与李林甫有旧怨的陈希烈和哥舒翰从中作证。虽然由于证据不足，唐玄宗并未以此将李林甫定罪，但是未尝没有相信之意，从此开始疏远李林甫。

与此同时，唐朝的云南太守张虔陀贪婪好色，不仅向南诏王无度需索财物，甚至还霸占其妻女。南诏王不肯继续忍气吞声，便不再向张虔陀贡献财物，张虔陀竟然恶人先告状，向朝廷诬告南诏王数条罪状。南诏王阁逻凤一怒之下发兵反唐，攻入云南郡，杀了张虔陀，又占领了西南地区的三十二个羁縻州。

事实上，南诏王并不是打定主意要与大唐为敌，只是被张虔陀欺负得太甚才起兵的。如果大唐一方派官员前去解释、安抚，并且处置一众不法官员，也许南诏仍然可以与大唐和平相处。然而杨国忠新近崛起，急需军功来为自己将来高居相位积累资本，于是推荐老朋友鲜于仲通为帅，带领八万精兵攻打南诏。

谁知一战之下，南诏军民众志成城，八万唐军竟然全军覆没，为了掩饰败绩，保全自己和鲜于仲通的地位，杨国忠便向唐玄宗谎称捷报。然而气势如虹的南诏军队并没有因为杨国忠的谎言就停下进攻的脚步，这个问题必须有人来解决。由于担心事情败露，杨国忠不敢将这个烂摊子扔给别人，只好让鲜于仲通以剑南节度使的身份上表请唐玄宗派杨国忠入蜀坐镇。

于是朝廷果然任命杨国忠代理蜀郡都督府长史，充剑南节度副大使、知节度事，由鲜于仲通留在京城帮杨国忠占好京兆尹的位子。由于担心自己离开京师的日子里李林甫会在自己的背后动手脚，于是杨国忠在向唐玄宗辞行时泪流满面地说："臣与李林甫积怨甚深，此一去必将为其所害，再也见不到陛下了。"一旁的杨贵妃在一旁为堂兄帮腔。

果然，玄宗看到杨国忠一副委屈又依恋的模样，便安慰他说："卿暂到蜀区处军事，朕屈指待卿，还当入相。"不仅允了他不久便召回的请求，甚至还承诺等他回来以后就任命他为宰相。得到唐玄宗的保证，又有杨贵妃在宫中坐镇，杨国忠便放心地离开京师，向蜀中而去。

此时李林甫已经重病缠身，然而仍然不肯放弃手中的权力，想要趁杨国忠不在，想办法打击他的势力。然而李林甫又担心唐玄宗已经开始疏远自己，而杨贵妃又极得圣宠，此时如果有所动作很难说不会弄巧成拙，甚至反害自身。于是李林甫想了个办法，试探一下唐玄宗的态度，他派人告诉唐玄宗，说自己病势沉重，将不久于人世，请来看病的巫师说要见皇上一面才能痊愈。

听到这个消息唐玄宗马上就想到李林甫家去探望他，然而被身边杨国忠买通的随从们坚决地劝阻。玄宗无奈只好命人将李林甫抬到他家的庭院中，自己登上建于山上的降圣阁，用红色的手绢对他招手，就算见面了。见到此情此景，李林甫心如死灰，他明白自己圣心已失，大势已去，再也无法与杨国忠抗衡了。

杨国忠刚到蜀郡，便被唐玄宗派人召回，到京以后，他去探望病重的李林甫。李林甫已经动弹不得，躺在床上看着如日方中的杨国忠心中五味杂陈，良久才涕泗横流地对杨国忠说："林甫死矣，公必为相，以后事累公！"一向不共戴天、视若仇寇的对手忽然在自己面前示弱，还以后事相托，杨国忠觉得十分惊讶，连忙说着不敢当，不敢当。他也的确不敢当，因为李林甫死后不久，他就阴谋打击了李林甫的家人和党羽，李林甫如果泉下有知，也当死不瞑目。

天宝十一载（公元752年），李林甫永远合上了双眼，他给大唐留下的是弊政丛生的朝政和满目疮痍的边患，而他给家人留下的则是数不清的仇人和虎视眈眈的政敌。

在李林甫死去之后，杨国忠顺理成章坐上了宰相的位置。然而，百足之虫死而不僵，杨国忠认为，即使李林甫死去，他的那些党羽们依然对自己有巨大的制衡作用。于是，杨国忠决定利用阿布思的事情再翻旧账，对朝中势力进行新一轮的洗牌。

杨国忠苦思之下，派人找到阿布思的前任上司安禄山，请他与自己联名上弹章，弹劾李林甫指使阿布思反叛。出乎杨国忠的预料，派去联络安禄山的使者竟然带回了阿布思部下的降兵。杨国忠大喜过望，不仅按计划呈上了弹章，还将安禄山派来的降兵送到御前作证，说李林甫曾经认阿布思为义子，否则阿布思改汉名的时候为什么要从李林甫姓李呢？连李林甫的女婿杨齐宣也不堪胁迫，不得不出面作证。

面对如此的铁证如山，唐玄宗终于相信了杨国忠，此时李林甫新死不久，棺木都尚未下葬，就被玄宗下令削去一切官爵，并劈开原来的大棺木，换成小棺材，以庶人的身份下葬。李林甫的子孙也被贬官流放，其他与李林甫有关的亲属和党羽被牵连判罪者约五十余人。

通过这次大换血，杨国忠沉重地打击了李林甫的残余势力，杨国忠和陈希烈都获得了相应的好处，地位得到了巩固和加强。然而，他们充其量不过是帝国的蛀虫而已，对于国家发展和民生改变，难以做出任何建树，即使能，他们也不会去在意黎民百姓的死活，以他们的见识，万万难以预料到数年之后一场颠覆式的动乱会发生。

前有李林甫，后有杨国忠，外有安禄山，内有杨玉环，在唐玄宗的周围，极尽谄媚之能事，极尽贪婪纵欲之能事，中央政权腐朽不堪，地方政府贪赃枉法，富者田连阡陌，贫者无立锥之地，眼看着大唐王朝已经病入膏肓，而经过四十年的发展，国家政治制度已经偏离了唐太宗之时的三省六部制，国家权力集中在少数的宰相手中。

之所以在开元年间国家能够正常运转，没有爆发大的叛乱，是因为唐玄宗有能力也有意愿去控制宰相的提拔和任免。但是在李林甫和陈希烈之后，这种权力变得越来越弱，皇帝不再不拘一格地任用人才，升迁的道路都被权贵的门生堵塞，为了能够维护自己地位的稳固，李林甫、杨国忠和陈希烈等人，都极力笼络住一大批势力为自己所用，可谓树大根深。

而站在帝国最高点的唐玄宗，依然纵情声乐之中，不理国家兴亡。中枢机构中的几个大人物，如杨国忠、陈希烈者流，都只是顾着打击政敌，维护自己的利益。有能力的官员要么在一连串的政治倾轧中丧生，要么被贬谪到地方，做个无名小卒。

唐玄宗老了，已经不愿意去管理朝政，甚至不愿意相信自己手中的开元盛世已经只剩下一个被虫子蛀空的漂亮果壳，他将国家大事都交给了杨国忠一个人去打理。李林甫虽然打击政敌，但他有魄力和能力强势地控制住整个朝廷和整个天下。可是杨国忠只会蒙蔽视听，玩弄权术，却无法实现国家的正常有序运转，与李林甫的能力实在有云泥之别。

皇帝要改革彻底，要完全地改变社会现状，就要准备为朝廷来一次彻底的换血，唐玄宗自认为没有这样的精力。杨国忠和杨贵妃得到了唐玄宗的宠爱和信任，在这样的背景下，只要杨国忠驱逐了前任宰相的势力，便能拥有一个牢不可破的强大阵营。于是，杨国忠专权的局面逐渐形成。

第七章

长恨悲歌，此恨绵绵无绝期

好话一箩筐

在唐王朝内轻外重的政策下,随着杨国忠的奸相之名越传越远,安禄山的威望也在潜滋暗长,并且渐渐凌驾于朝廷诸位大臣之上。

安禄山也正是在这种背景下推波助澜,如组成罗、奚、契丹等族壮士联合的敢死队八千人,名曰"曳落河",成为他自己的近卫兵。又如囤积粮草,兵马;构筑城池;四处搜罗人才,配置党羽和爪牙,通过商人贩卖,购置巨额的军需物资及珍宝。而最为有效的方式,便是个人崇拜。这不仅极大刺激了安禄山的野心,更让天下人对安禄山顶礼膜拜,而一个真实的安禄山,虽然没有世人所传的那样英明神武,却有十分过人的能力。

安禄山的姓氏读作亚力山大,而他原本的姓氏为康,名为阿荦山(一作轧荦山),足见其父母希望安禄山能够勇于战斗。安禄山的家庭背景一般,其父亲不过是一个碌碌无为的胡人,其母亲的地位倒是比较高,是阿史德氏突厥的女巫。

安禄山的一生颇为曲折，即使是他的出生，也略显传奇。相传，其父母婚后，虽然恩爱有加，却苦于花开无果。于是，阿史德氏便去阿荤山做诚心的祈祷。本来是抱着死马当活马医的心态，却没想到这座山还真就响应了她的祈祷。

长安三年（公元703年）正月初一，安禄山呱呱坠地，故名阿荤山，从此开始了他的一生。然而，这个儿子的到来，并没有为他们迎来幸福的生活，不久之后，安禄山的父亲便因病死去。此时安禄山还是个不谙世事的孩子，只能和他的母亲，还有刚出生不久的弟弟一起住在母亲的娘家。

在安禄山刚刚可以自食其力的时候，母亲改嫁了。这对于安禄山而言，又是一个沉重的打击。安禄山的母亲，嫁给了突厥将军安波注的哥哥安延偃，安禄山兄弟并没有就此一蹶不振，反而改姓为安，安禄山之名就此得来。

当安禄山长大成人之后，生得魁梧雄健，性格却狡黠多智、善揣人意而又凶狠毒辣，长期生活在北方多民族杂居地，安禄山结识了如同兄弟般的史窣干（即史思明），两个人都以凶猛善斗闻名。史称安禄山懂得九种民族语言。虽然他的继父是将军的哥哥，但安禄山一开始并没有走上从军这条路，他选择了做一个不太安分的商人，混迹在边疆地区。

当时范阳节度使是张守珪，安禄山遂加入其军中。一次，安禄山因为偷了别人的羊而遭到追打，情急之下安禄山大声呼喊道："大夫不欲灭奚、契丹两蕃耶？而杀壮士！"见到此景的张守珪暗自感叹，此人言貌不凡，假以时日难保不能成为一个人物，遂释放了安禄山，安排他和史思明一起做了捉生将。

安禄山和史思明都是骁勇过人之辈，把捉生将的工作做得风生水起，不久安禄山便因功擢为偏将，此后更加奋勇争先。见安禄山如此争气，张守珪看到了其远大的前途所在，便收了他为义子，并且大加拔擢。在短短的三年多时间内，安禄山便凭借自己超然的军事才能和勇猛的作战风格，真实再现了战神的传说，做了平卢将军。

然而，他在做了平卢将军之后，第一战对阵契丹便失败了，张守珪只能忍痛奏请朝廷将之斩首。此前安禄山入朝奏事，宰相张九龄便对他有深刻的印象，认为他不是池中之物，久后必会作乱，一度对侍中裴光庭说："乱幽州者，必此胡也。"

这次作战失利，张九龄正好抓住机会除掉这个隐患，于是他在张守珪的奏折上批复："穰苴出军，必斩庄贾；孙武行令，亦斩宫嫔。守珪军令若行，禄山不宜免死。"唐玄宗不明白张九龄的一片苦心，看了批文后说："卿岂以王夷甫识石勒，便臆断禄山难制耶？"这件事情便不了了之，安禄山这次算得上与死神有惊无险地擦肩而过。

天宝元年（公元742年），安禄山再次一飞冲天，成为驻守边疆藩镇的最高军事统帅——平卢军节度使并兼柳城太守，押两蕃、渤海、黑水四府经略使。俗话说，百闻不如一见，唐玄宗一直听使者说及安禄山才华横溢、清正廉洁，是国之栋梁，却很少见到安禄山。于是，唐玄宗于天宝二年（公元743年）正月下旨，让安禄山入长安相见。

为了得到皇帝的喜欢，安禄山不惜欺君罔上，后人惊呼，何以此人会如此大胆？其实这也难怪，在安禄山遭逢大难之后，尤其注重讨好上司，以期明哲保身。如开元二十八年（公元740年），御史中丞张利贞为河北采访使，安禄山抓住这个机会大加讨好，使张利贞满意而归。果然回到长安之后，张利贞在玄宗面前大力赞扬安禄山，从此安禄山平步青云。尝到甜头的安禄山找到了升迁之路，对此后的使者无不尽力巴结讨好，让他们在玄宗面前为自己多说好话，于是安禄山逐渐得到了唐玄宗的信任和看重。

此次进京，安禄山向唐玄宗说及营州去年发生了蝗灾，于是他便向上天发誓祈福："臣若操心不正，事君不忠，愿使虫食臣心；若不负神祇，愿使虫散。"不知安禄山做了什么手脚，他话音刚落，天上竟真的横空飞来一群红头黑鸟，霎时将害虫吃得干干净净。

无论这件事情的真假如何，唐玄宗都断定，这安禄山是在表示自己的耿耿忠心，在君王心目中，忠臣比能臣更为重要。安禄山正是看到了这一点，才大胆犯上，只要此次能够夺取皇帝的欢心，不愁前程似锦。

果然，第二年，唐玄宗便任命安禄山代替裴宽兼任范阳节度使。安禄山遂进一步结交中央权贵，李林甫和裴宽等人都时常在玄宗面前大力赞扬安禄山，"由是禄山之宠益固不摇矣"。安禄山即将回去之时，为了表示对他的特别待遇，玄宗特命诸司侍郎、中书门下三品以下正员外郎长官、御史中丞等群官到鸿胪寺给安禄山饯行，一时之间，风光无限。

再次入朝之时，安禄山上奏玄宗说："臣蕃戎贱臣，受主宠荣过甚，臣无异才为陛下用，愿以此身为陛下死。"唐玄宗感念他的忠心耿耿，遂让杨贵妃与之兄妹相称。然而安禄山却不这样认为，他知道此时杨贵妃为六宫第一人，即使自己比杨贵妃大了十八岁，为了巴结她，安禄山还是甘之如饴地认她做了义母。此后，安禄山便有了随意出入禁宫的权力，这也是为何安禄山与杨氏姐妹会闹出绯闻的原因。

除了善于巴结上司，揣测人的心意之外，安禄山还特别喜欢迎合唐玄宗的喜好，以自己肥胖的身躯跳舞，旋转自如，"其疾如风"。这让唐玄宗和杨贵妃更加亲近他，这样的人，想不飞黄腾达都难了。

当时，为了能够往上爬，安禄山不惜去打击由于和亲与唐朝交好的契丹和奚，他们被迫举兵反抗，并杀了公主。而安禄山在初期的战争中取得了胜利。

回师之后，他向皇帝上奏，说自己梦到了唐朝名将李靖和李勣，这两个人竟然"向臣求食，乃于北郡建祠堂，灵芝又生于祠堂之梁"，唐玄宗读罢奏章，心怀大畅，正好这时候李林甫建立了边镇制度，安禄山进一步得到了皇帝的赏识。

随着安禄山地位的日益提高和巩固，朝廷之中也是风云变幻。杨国忠担任了吏部尚书一职，朝中文官的任免权力都握在了杨国忠的手中，他为自己培植了一大批忠实的鹰犬。当然，这些鹰犬不过是看上了杨国忠的权势地位，如果有朝一日他也沦落到墙倒众人推的地步，这些鹰犬们会毫不犹豫地反咬一口。

李林甫死后，杨国忠和陈希烈成了朝廷之中权力的核心，然而，陈希烈虽然是左丞相，但是明眼人都知道，他和李林甫、杨国忠等人，无论是在行政能力、个人背景还是权术玩弄之上，都不是一个台面上的人物。杨国忠一直没有把陈希烈看成能够和自己匹敌的对手，所以继李林甫之后，杨国忠继续将陈希烈当作橡皮图章，将政务全部搬到家中处理后给他签字。

自李林甫死后，杨国忠不仅升迁做了宰相，还兼任了中书令和吏部尚书。许多在李林甫时期掌控财政的部门都被杨国忠所控制，从此唐玄宗吃喝住行的开销，都由他打点，户部没了尚书和侍郎，杨国忠实际上已经控制了唐帝国的财政大权。

然而，杨国忠并不满足现状，虽然中央是他说了算，但是地方上听不听，则是边镇节度使说了算。尤其是安禄山兄弟、史思明、高仙芝、哥舒翰等军事大佬，一朝没有被削弱权力，就一直是杨国忠的心头大患。尤其是安禄山，大唐的东北和北部边镇都被他牢牢地控制住，二十多万兵力在他的掌握之中，形成大唐的肘腋之患。

当时，安禄山大军对长安和洛阳呈危险的包围之势，而在中央，唯有杨国忠才有实力去谋划削弱边镇节度使的权力。一个文臣，一个武将，无论是从利益角度还是从意识角度，二人都不可能达成妥协。如此，安禄山和杨国忠的矛盾不可避免地日益激化起来。

杨国忠也曾尝试过在唐玄宗身边进献谗言，但可惜，唐玄宗却一意孤行地信任安禄山，既然不能削弱对方，那就只能壮大自己。杨国忠决定孤注一掷，以整个帝国的财力物力人力，建立一支起码可以和安禄山相抗衡的军事力量。

他的发源地在四川蜀地，所以剑南节度使是他第一个看上的职位。殊不知，长安距离益州有千里之遥，自古蜀道难，难于上青天，实在是不方便杨国忠有效地控制，一旦京都有难，蜀中军队也是鞭长莫及。更何况，朝廷在那边的防卫编制远远比不上北方地区，即使是杨国忠有意扶持，也万万难以企及北方边镇的实力。

最让人担忧的是，与南诏的战争极大地削弱了剑南节度使的权力和影响力，如果南诏依然和唐王朝保持同盟的关系，那么杨国忠和安禄山孰强孰弱、鹿死谁手就未可知了。

为今之计，要么让南诏重新臣服唐朝，要么直接控制这一地区。于是，杨国忠主持设立了由何复光节制的岭南藩镇，以此来制衡南诏。只可惜，此时的南诏比起过去的国力更加强大，更何况它还有一个强大的盟友——吐蕃，所以这一计划并没有取得明显的效果。第二年夏，杨国忠命令大军对南诏重新发动入侵，这次的损失更大，剑南节度使和岭南藩镇的百分之七十以上的兵力都在南诏殒命。

此时的唐王朝，周边局势迅速恶化。当然，出现这种状况，有着深刻的原因。首先，唐王朝的整个统治系统日渐腐败，由于国内已经难以满足其贪欲，尤其是对于金钱、人口、土地的需要，他们只能将边境少数民族作为掠取对象；其次，如安禄山、史思明等人，一心为了升官发财，建立军功，遂无端去骚扰边境，扰乱民生；此外，就连唐玄宗本人，也因为穷奢极欲而导致内耗无算，国库空虚。

杨国忠猜中了唐玄宗的心思，才有恃无恐地向南诏发动了进攻，虽然酝酿多时，只可惜时不我与，天不佑人，杨国忠自认为完美的计划在南诏无情的打击之下落空了。这一次失败让唐军元气大伤，本来倾向唐朝的盟友南诏投靠了吐蕃，此后数十年间，西南边境始终不得安生。

反了就是反了

朝廷的斗争仍然风云变幻，此时，杨国忠刚刚成功地解除了陈希烈对自己的威胁。

杨国忠刚要松一口气，谁料唐玄宗提出的候补宰相人选竟然是吉温，此时杨国忠已经知道吉温投靠了安禄山，若是让他做了宰相，自然是不肯继续为自己做橡皮图章的，更会与安禄山内外勾结对付自己，到时候自己的地位就危如累卵了。于是杨国忠极力地劝阻唐玄宗，玄宗见杨国忠如此抗拒，也就不便太过坚持，杨国忠趁着玄宗心意动摇，赶紧在大臣中物色自己满意的宰相人选。很快他便看中了吏部侍郎韦见素。

韦见素出身于当时的名门望族，而且还通过科举考试考中进士，就此出仕做官。在睿宗登基之前，韦见素不过是王府中的一个低级官员，玄宗遂得以经常看见他，自然也很了解他。此人为人随和，很少与人争执，所以人缘还算不错，后来睿宗做了皇帝，接着唐玄宗继位，韦见素也就担任了京城之中的高级职位，结交更广泛。杨国忠就是看到了韦见素性格懦弱的一面，所以才举荐他做宰相，而且此人在京师中口碑不错，所以反对的声音也很少。在杨国忠的推荐下，韦见素很快被任命为兵部尚书加同平章事，成为了杨国忠新一任的橡皮图章。

杨国忠为了保全自己的地位忙得不亦乐乎，千里之外的安禄山也没有无所事事。天宝十四载（公元755年），安禄山派遣副将何千年入朝陛见，请求罢免三十二位汉族将领，代之以少数民族将领。在唐玄宗看来，让少数民族担当边关将领，是李林甫时期就订立的政策，这么多年过去，收效也不错，因此安禄山此举似乎并无不妥，于是便要同意，并发给告身。

韦见素虽然比较听杨国忠的话，但并不是没有主见之人，他见到安禄山不敢亲自入京朝见，又做出这样的要求，反状已明，不能再继续姑息，于是找到杨国忠说："禄山久有异志，今又有此请，其反明矣。明日见素当极言；上未允，公其继之。"约定第二天一起向唐玄宗进言，务必要说服皇帝收回成命。杨国忠考虑了一下利弊，也就答应了。

回去以后苦思冥想多日，终于想到了一个绝妙的好主意，于是拉上韦见素高高兴兴地入宫去见唐玄宗。杨国忠见到玄宗之后神秘地说："我有主意对付安禄山了！"玄宗看他喜形于色的样子没答话，你不是又让我召安禄山进京，不来就是要造反吧？

杨国忠也不在意，兴致勃勃地解释说："安禄山不是想当宰相吗？那就让他当，当了宰相势必就得入京，不能再在地方上做节度使了，然后再另找三个人分别担任他空出来的范阳、平卢、河东三镇节度使的位子。到时候安禄山如果无意谋反，自然可以安心为皇上效力，如果真有不臣之心，那么他身在京城，三镇又被别人掌握，安禄山内外不能相顾，还能有何作为呢？"

唐玄宗听了以后想了很久，觉得这确实是一个好主意，于是就命人去草拟诏书，诏书写好了，玄宗却开始觉得不对了，他担心自己是误会了安禄山，不愿意再让他受委屈，更担心他如果真的心有二意，便会狗急跳墙，那就一发不可收拾了。更何况，前面刚刚传来安禄山的捷报，玄宗担心，如果将安禄山调离边关，是否会引起动荡。这诏书到底发还是不发？玄宗决定先派人去安禄山那儿探探虚实再说。

再三考虑之下，唐玄宗派出自己的心腹宦官璆琳以押送皇帝赏赐安禄山的珍异果品为名前去调查一番，把事情弄个一清二楚、水落石出。只可惜他的这名心腹经不起诱惑，在大量金银珠宝面前，璆琳只记得安禄山的好处，并且回来复命时，在唐玄宗面前盛赞安禄山忠心为国，绝无二心。

玄宗听完了自己心腹的汇报后，顿时如同吃下了一颗定心丸，便对杨国忠和韦见素说："禄山，朕推心待之，必无异志。东北二虏，藉其镇遏。朕自保之，卿等勿忧也！"就这样，最后一个避免安史之乱的机会就此搁浅。

杨国忠知道，为今之计，只能找出其谋反的证据，才能彻底地扳倒安禄山。不过这证据即使有，又怎么会藏在千里之外的长安呢？即使在长安，也不会轻易让杨国忠找到，他苦思良久，又想出了一个法子。

新近上任的京兆尹,是杨国忠的心腹,在杨国忠的授意之下,带人包围了安禄山在长安的府第,并且逮捕了安禄山的心腹幕僚李超等人,送到御史台严刑逼供。谁料这几人都十分硬气,反复拷问之下竟然没有得到什么有价值的证据,杨国忠一怒之下,只能命人将李超等人全部秘密处死了事。

安禄山的一个儿子安庆宗娶了荣义郡主为妻,并且一直留在长安做官,他知道杨国忠杀了李超等人,赶忙偷偷告知安禄山。安禄山接到消息,知道杨国忠对他已经撕破了脸皮,再也没有和平共存下去的可能了,于是造反之心越加坚定。后来安禄山的另一个儿子在京城成婚,玄宗下诏宣他入京观礼,他也心虚地推病没去。

天宝十四载(公元755年)七月,安禄山上表请求向朝廷贡献三千匹马,同时每匹马配两名马夫,还有安禄山手下的二十二名将领护送。河南尹达奚珣觉得很有蹊跷,安禄山送的这哪是马啊?这是要将一支三千骑兵、三千步兵、二十二名将领的亲信部队开到京城!于是赶紧上书建议唐玄宗,献马可以,但是马夫就不必了,朝廷自会派去马夫接收马匹,这事儿就不劳烦贵军了。

看到如此危险的情况,唐玄宗似乎也有些醒悟了,开始怀疑安禄山。正好上次派去查探安禄山虚实的宦官璆琳受贿一事被揭发了出来,唐玄宗更如五雷轰顶,认定安禄山必反,否则何须贿赂使者蒙骗自己呢?然而此时玄宗不敢轻举妄动,唯恐打草惊蛇,只能找了一件别的事做借口,将璆琳乱棍打死泄愤。

醒悟过来的唐玄宗面对爪牙已利、羽翼已丰的安禄山也是手足无措，只能用起了杨国忠的老办法，他派宦官冯神威去向安禄山传旨，诏书上亲切地说："朕为你新开辟了一眼温泉，你十月份到华清宫来吧，我等着你哦。"然而安禄山即将起兵，已经不屑再与朝廷来使虚与委蛇了，连床也没下，只略说了一声："圣人安隐。"就算行过了礼。

冯神威在别人的地盘上也不敢随便发威，只能不顾安禄山的无礼宣读了诏书，听完了圣旨，安禄山倨傲地说："马不献就不献了吧，十月份我一定到京！"然后就命人将冯神威安置到馆驿中，再也不见他了，过了几天就将他赶了回去，也没有呈上应当回复皇帝的表章。

冯神威见势头不对，一得自由便逃命似的向京城赶，到了皇宫大哭着扑到唐玄宗面前："我几乎见不到陛下了呀！"见此情状，唐玄宗心中一片冰凉，他知道安禄山的确要反了，或许在明天，或许在不久之后，如今的问题，只能是如何去抵御了。

牛不能随便吹

天宝十四载（公元755年）十一月十五日，华清池里，唐玄宗和杨贵妃正"温泉水滑洗凝脂"。忽然快马来报：安禄山造反了！温柔乡里的唐玄宗这时才清醒过来，想起很多大臣对他的劝告，包括太子。但此时的李隆基处于没有思想准备的状态，安禄山的举动十足给华清池泼了一盆闷凉的水，李隆基的盛世也骤然地抽搐与痉挛。

事情之所以发展到这个地步，除了李隆基政治生涯后半生的昏庸，安禄山的"韬光养晦"是他最终大胆向"干爹"出牌的资本。安禄山一生给两个人当过养子，先是张守珪，后是杨贵妃。前者让他有机会接近长安，后者则是给他的政治资本加上了裙带关系。正是这两个人让他有机会从普通军队的士兵，平步青云，最后拿下平卢、河东、范阳三镇节度使兼河北采访使等职位。

安禄山的谄功是出了名的，在唐玄宗眼里，安禄山几次入朝都表现出他政治思想和实践行动上的"忠君爱国"。对这个听话又懂事的义子,唐玄宗怎会吝啬他的表扬和奖赏?

天宝六载(公元747年),安禄山升为御史大夫,他的妻子段氏被封为国夫人。皇帝还给安禄山在京师建立府第,让宦官监督工程,告诫他们说:"要好好部署,安禄山的眼孔大,不要令他笑话我。"台观池沼的华丽超过了他的身份。皇帝登临勤政殿,御座的东间特设金鸡幛,中间放了一榻,给安禄山坐,来表示对他的恩宠。在集大唐的最高级恩宠于一身的同时,安禄山却处处装得愚昧无知,而暗中大行韬晦之计。天宝十四载(公元755年)十一月初九,安禄山以"奉密旨讨杨国忠"为名,召集了兵马十五万人,号称二十万,日夜兼程,以每天六十里的速度长驱南下中原。

安禄山发起兵来和胡旋舞一样,急速、快捷,但长安城的决策者却被他之前一系列低调的动作忽悠了。那么安禄山这一个白手起家的普通人,如何敢对普天之下最强大国家的君主发出挑战呢?他又凭什么这样做呢?唐玄宗仔细思量了一番,首要原因恐怕还得从自己身上找。

唐朝设立了节度使这样一个武官的职位,即节制调度的军事长官,初设时负责管理调度军需的支度使,同时管理屯田的营田使,主要掌管军事、防御外敌,而没有管理州县民政的职责。后来渐渐地,节度使也开始过问民政。天宝后,节度使又兼所在道监督州县之采访使,集军、民、财三政于一身。还常以一人兼统两至三镇,多者达四镇。威权之重,超过魏晋时期的持节都督,时称"节镇"。

到唐朝后期，节度使势力大大加强，已经到了独揽军政大权的地步。唐玄宗在边镇设十个节度使共拥兵四十九万，而中央禁军不过十二万人，典型的外重内轻，外实内空。节度使后来又兼管行政和财政，权力很大，逐渐发展成割据势力。如果在任命节度使的问题上没有仔细考量，节度使一旦起兵造反，后果不堪设想。唐室之崩溃，也可说即崩溃在此一制度上。

唐玄宗又想起自己整天过着纵情声色的生活，任由李林甫、杨国忠更替把持朝政，纲纪大乱。安禄山对朝廷的脉象把握得很到位，造反的阴谋日益炽盛。

另外，民族之间的矛盾，也是使安史之乱爆发的一个不可忽视的因素。隋唐以来，河北北部幽州一带杂居着许多契丹、奚人，唐太宗打败突厥以后，又迁徙许多突厥人在这一带居住。他们的习俗与汉人不同，又互相歧视，安禄山正是利用这点拉拢当时的少数民族上层，作为反唐的亲信。史称安禄山于天宝十三载（公元754年）一次提升奚和契丹族二千五百人任将军和中郎将。在他的收买下，当地少数民族竟把安禄山和史思明视为"二圣"。

唐玄宗思前想后，终于想明白了，但一切都已经晚了。天宝十四载（公元755年）十一月，安禄山已经在范阳起兵了，史称"范阳兵变"。叛军打的旗号便是奉了皇帝诏令，诛除杨国忠这个大奸臣。虽然这个旗号有一些牵强附会，但是他的这个旗号还是很有作用，至少很多不明真相的人会争相附和，因为在杨国忠掌权的这几年时间内，不仅树敌无数，更是惹得民不聊生，百姓怨声载道，因此安禄山大旗一展，便有很多人望风景从。

第一招，安禄山便掌握了主动权，不得不承认，安禄山果然是个老奸巨猾之人。更为可怕的是，安禄山十分擅长用兵之道，他知道，兵者，诡道也，既然自己发动了叛乱，就要出奇制胜。

所以安禄山首先让部下何千年、高邈率奚人出身的二十名骑兵先行出发，太原副留守兼太原尹杨光翙不知道安禄山已经谋反，遂派人开门迎接，何千年抓住时机，将杨光翙劫持而去。直到此时，太原守军才知道安禄山已经谋反，遂飞马将军情报告给长安得知。

谁也没有料到，安禄山就是要将这个军情借太原守军传给长安。后来才发现，安禄山劫持杨光翙，其实是声东击西之计。从幽州到长安，有两条路线可以到，一条为东线，经博陵、常山至陈留，然后西向东都洛阳，过潼关向长安。另一条经太原向长安，此为西线，也是当年李渊起兵反隋进入关中的老路。安禄山的主力并没有打算走太原这条线路，此番虚张声势，便可以让朝廷误以为安禄山会从此进军，如此便可以分散朝廷的注意力和防御力量。

太原发生的事很快传入了京城，可是唐玄宗却根本不肯相信，也不愿相信，他固执地认为，这是嫉妒安禄山的大臣们在诋毁陷害。过了几天，战报传来以后，唐玄宗才真正相信这个"乖顺"的义子真的起兵造反了，于是赶快派人传召杨国忠入宫商议对策，然而杨国忠却信誓旦旦地说："今反者独禄山耳，将士皆不欲也。

不过旬日，必传首诣行在。"唐玄宗听了此言甚觉有理，见此情景盼望玄宗早定平叛之策的大臣们纷纷瞠目结舌、哑口无言，唯有摇头苦笑而已。

不过毕竟叛乱已经发生，唐玄宗还是做了平叛安排，他派特进毕思琛到洛阳、金吾将军程千里到河东这些安禄山必经之路上的军事重地各招募数万人，稍微训练之后用以抗敌平叛。

不久，安西节度使封常清入朝陛见。见这位骁勇善战的猛将来了，唐玄宗忙问有何平叛方略献上，封常清是个武将，平常最好面子，爱说大话，于是他傲然说："今太平积久，故人望风惮贼。然事有逆顺，势有奇变，臣请走马诣东京，开府库，募骁勇，挑马棰渡河，计日取逆胡之首献阙下！"唐玄宗听了龙颜大悦，于是任命他为安禄山所辖的范阳、平卢两镇节度使，然后像封常清保证的那样数着日子等待安禄山的首级。

封常清是蒲州猗氏人，少年时期，封常清和自己的外祖父在一起生活。后来他的外祖父因为获罪而被流放到安西（治龟兹，今新疆维吾尔自治区库车）充军之时，封常清也跟着他的外祖父到了安西。

幸好封常清的外祖父到了安西之后，因为悍勇异常而做了胡城（今哈萨克斯坦奇姆肯特东）南门的守军。加上其外祖父还读过一些诗书，所以封常清小时候文武兼修，涉猎甚广。更加难能可贵的是，在封常清的心目中，始终存在着一个梦想，希望有朝一日能够从军，做一个名震天下的大将军。

天将降大任于斯人也，必将劳其筋骨、苦其心志、饿其体肤、空乏其身。封常清的这种无忧无虑的生活很快便结束了，不久以后，他的外祖父去世，无依无靠的封常清只能过着颠沛流离的生活。此后，他一直浪迹江湖，游戏山水之间，直到三十岁，依然是一事无成。

后来封常清得到机缘投到了安西四镇节度使夫蒙灵察的帐下，但是封常清明白，自己在堂堂节度使的帐下只是芸芸众人中不起眼的尘埃。若想出人头地，就必须要找到一个目前官职不高，手下人才不多，但有能力有前途的靠山，他看中了高仙芝。

此时，高仙芝尚是知兵马使，但是他很有才能，因此在军中混得很不错，每日出入都有三十多名随从跟随，每个人都穿得衣甲分明，十分精神体面。封常清看看自己身上的陈旧衣服，咬牙切齿地暗下决心：我也要穿新衣服！于是封常清向高仙芝投书一封，请求成为他的随从。

然而，封常清第一次毛遂自荐却以惨败告终，原来封常清不仅身材瘦弱而且眼斜腿短，甚至还跛脚。想高仙芝是何等样人，做他的随从连衣服都要穿得整齐得体，怎么会招这样形貌不佳之辈到自己身边呢？所以便断然拒绝了封常清的请求。

苏轼说：古之成大事者，非唯有超世之才，亦必有坚韧不拔之志。诚不我欺也，封常清便具有百折不挠的优良品质。在第一次失败过后，封常清没有丝毫气馁。不久之后，他便送上了自己的第二封自荐信，不胜其烦的高仙芝只能怒道："吾奏傔已足，何烦复来！"封常清也不是吃素的，人在屋檐下，他却不一定要始终低着头，遂回答道："常清慕公高义，愿事鞭辔，所以无媒而前，何见拒之深乎？公若方圆取人，则士大夫所望；若以貌取人，恐失之子羽矣！"

见封常清谈吐不凡，高仙芝心中惊奇，但还是没有立即让封常清为自己效力。封常清更是厉害，他竟然从此死皮赖脸地留在了高仙芝府邸之内，数十日过去，依然不见有离开的迹象，见他如此诚心，高仙芝便允许封常清做了自己的随从。

尽管只是做随从，但是封常清在高仙芝身边不仅能够好吃好喝，每天穿得漂漂亮亮，而且还有不少立功的机会。尤其是在天宝初年达奚诸部的叛乱中，封常清所展现的军事才华和先见之明更是让高仙芝惊异不已。当时，唐玄宗紧急诏令夫蒙灵詧前去平叛，夫蒙灵詧接到诏令后，便让高仙芝派遣二千精锐骑兵前去抗敌，达奚诸部人困马乏，不是高仙芝的对手，所以战争最后以唐军的完胜告终。

封常清似乎早就料到了战争的胜负结果，所以在营帐之中早就写好了捷报，其中详细陈述了唐军"次舍井泉，遇贼形势，克获谋略"的过程，竟然和高仙芝的心中所想如出一辙，高仙芝见到，大为惊奇。遂让封常清"去奴袜带刀见"，提升了他在自己帐中的地位。大军归来，夫蒙灵詧设宴犒赏三军，判官刘眺、独孤峻便问高仙芝："前者捷书，谁之所作？副大使幕下何得有如此人。"高仙芝故作平常地说："即仙芝傔人封常清也。"自此，封常清一举成名，又因为作战勇猛，谋略高超，相继被擢升为镇将、果毅、折冲。

从军之初，封常清便树立了治军严格的典范，即使是自己最敬畏和最亲近的人，他都丝毫不留情面。天宝六载（公元747年），高仙芝率部击溃了依附于吐蕃的小勃律（在今克什米尔西北部）。朝廷感念其战功卓著，遂让高仙芝升任安西四镇节度使，封常清作为高仙芝的旧部，随之升任庆王府录事参军，充节度判官，赐紫金鱼袋，不久之后又加任朝散大夫，专门负责四镇的屯田、甲仗、仓库、支度、营田等事宜。高仙芝每每在外征战，封常清便作为留后使，为高仙芝坐镇后方。

高仙芝乳母的儿子郑德诠当时在高仙芝的帐下做郎将，因为从小便一起玩耍，加上乳母对自己的恩德，所以高仙芝一直把郑德诠当作自己的亲兄弟，一家相关大事都交到了郑德诠的手中，因此郑德诠在军中的威望也很高，很多人都不敢得罪他。

此时安西军队中，无人不知封常清的名号，对其甚为敬重。但是这个郑德诠认为封常清不过是自己兄弟高仙芝手下的随从出身，没什么了不起的，因此多少有些看不起他。封常清每次从外面回来，诸将纷纷退让行礼，只有郑德诠不以为意，骑着快马自后面超过封常清扬长而去，留下呛人的漫天黄土给封常清。这很拂封常清的面子，也动摇封常清在军中的威望，他自然不能容忍这样的事，但是看在高仙芝的面子上，一直没有动郑德诠。

一次，高仙芝外出打仗，封常清留后坐镇，趁着高仙芝不在，封常清派人悄悄将郑德诠骗进节度使府中。节度使的府第进深很大，院落重重不知几许，郑德诠每过一重门，封常清的人就在后面把门关死，郑德诠渐渐开始感觉不太对劲了。

这时恰好到了封常清面前，封常清面前正摆着一桌酒席，他握着酒杯不紧不慢地说："我是出身微贱相貌又不好，当初恳请大人收我为随从，大人两次都不答应，这事儿你是知道的。可是你看现如今大人征战在外，将一家老小、全军上下都交在我手上，这份信任、这份看重，你看不见吗？怎么敢再三对我无礼相欺！"然后变了脸色大喝一声："郎将须暂死以肃军容！"

说时迟，那时快，郑德诠还没有反应过来，便被封常清的手下架住痛打了六十军棍，随即将之拖出。高仙芝的妻子和乳母闻讯，大惊失色，待到他们前来救援，才发现为时已晚，郑德诠已经魂归九霄了。高仙芝知道此事之后什么也没说，封常清也没有向他谢罪，不久以后封常清又下令杀掉了高仙芝帐下犯罪的两名大将，从此之后，对于封常清此人，"军中莫不股栗"。

天宝十载（公元751年），高仙芝任河西节度使（治凉州，今甘肃武威），封常清仍为其判官。后来王正见接替了高仙芝做了安西节度使，便奏请皇帝让封常清做了安西四镇支度营田副使、行军司马。

一年之后，王正见去世，唐玄宗便任命封常清为安西副大都护，摄御史中丞，持节充安西四镇节度、经略、支度、营田副大使，知节度事。自此，封常清的权力开始朝着顶峰迈进。

为了能够尽快获取军功，也为了帮助朝廷解决边患，封常清开始着手整顿军务。天宝十二载（公元753年），封常清率军进攻大勃律（位于今克什米尔地区），大军一路势如破竹，很快便取得了大胜。凯旋的封常清受到了唐玄宗的信任和倚重，唐玄宗于次年召封常清入朝做了御史大夫，授一子为五品官，赏赐宅第。同时，封常清去世的父母也因之而获赠封爵。不久之后，封常清又代理入朝任职的程千里做了北庭都护、伊西节度使。

封常清自此声名鹊起，因为他生性节俭、吃苦耐劳，而且赏罚分明，所以很多人慕名而来投效他。

得罪人也要有选择

封常清临危受命，很快便到达了洛阳，然后在十日内招募了六万兵众，不过其中大多为市井间的流氓混混。然后他又下令截断河阳桥，在洛阳做好防御准备。同时，朝廷方面也做出了相应的举动，唐玄宗决定，在长安处死安禄山的儿子和儿媳，以此来让安禄山分心，同时也发泄一下自己心中的愤恨。

与此同时，唐玄宗还发出调令，让安思顺为户部尚书，令朔方右厢兵马使、九原太守郭子仪为朔方节度使，右羽林大将军王承业为太原尹，以协防中央；在叛军的军事要冲，都要设置一个防御使，全力对抗叛军；然后又任命荣王李琬为元帅，右金吾大将军高仙芝为副元帅领兵东征。

那么他们率领的是哪支军队呢？竟然和封常清一样，是用皇帝内库里的钱帛在十日内雇佣的一伙市井混混，大约十一万人，虽然起了个颇为威风的名字叫"天武军"，不过其战斗力到底有没有那么威武则可想而知了。天宝十四载（公元755年）十二月，高仙芝就带领着飞骑、矿骑、在京师的边兵和新招募的这一群乌合之众一共五万人从长安出发,到陕郡驻防,随大军开拔的还有唐玄宗派来监军的宦官边令诚。

然而这些措施并没有起到让安禄山望而却步的作用,儿子被处死,儿媳荣义郡主被赐自尽,使得安禄山更加疯狂。不久,安禄山大军直接从洛阳黄河段的下游渡过了黄河,很快便临近陈留(今河南开封市陈留镇)。十二月,陈留沦陷,其守军数万人被俘虏,陈留为运河体系的主要港口之一,它的失守切断了朝廷的南方供应线。一不做二不休,为了报复杀子之仇,安禄山屠杀了在陈留俘虏的全部军队。之后,他留下一部分军队留守,自己则亲自率领大军向东都洛阳前进。

安禄山的军队先攻克荥阳,由于承平日久,无论百姓还是士兵都太长时间未经战火的磨炼,守城的荥阳士兵听到城下如雷的鼓声竟然有一些腿脚发软坠下城头。可想而知,荥阳城很快就被攻破了,然后安禄山以手下将领田承嗣、安忠志、张孝忠为前锋,进攻东都洛阳。

守在洛阳的是封常清仓促之间招募的乌合之众,而且还没来得及训练就被派到武牢关抗敌,于是很快就被安禄山派来的骑兵打得大败。封常清收拾残部,又在葵园、上东门内两次与叛军接战,仍然两次落败。天宝十四载(公元755年)十二月十二日,洛阳的外层防御被撕开,叛军如潮水般从洛阳的四个城门涌入,烧杀抢掠无所不为,封常清又率部与叛军展开巷战,仍然失败,只好带着残部从被毁坏的城墙缺口逃走。

仓皇败退的封常清率领一众残军败将向陕郡败退，当时陕郡太守窦廷芝已经放弃了自己的职守逃往河东，治下的官吏和百姓也都四散奔逃，只有高仙芝和他的五万杂军驻守，陕郡已成为空荡无人等待着战争和流血到来的战场。

从接连的惨败中逃得一命的封常清再见高仙芝，简直热泪盈眶，他赶紧扑过去警告高仙芝："常清连日血战，贼锋不可当！"然后又将自己血的教训告诉这位老上司："陕郡无险可守，而潼关则有险而无兵，如果叛军攻入潼关，那么长安就唾手可得，我们不如放弃陕郡，退守潼关去吧！"

高仙芝看看盔甲上溅满鲜血的封常清，再看看他手下士气萎靡、伤兵累累的军队，虽然不愿意不战而退，落得个怯战的罪名，但是他思考良久终于决定退兵，撤到潼关去！由于他们行军速度缓慢，竟然在半路上被叛军追了上来，于是只好狼狈而逃，也顾不上队伍先后了，士兵和马匹相互踩踏，平白损了不少人马。

到了潼关以后，安禄山见壁垒森严、防御严密、易守难攻，于是并未恋战，撤兵而还。回到洛阳休整军队，巩固战果，预备称帝，正因如此，叛军才稍微止住了势如破竹的进攻脚步，朝廷也得到了整军备战的时间。

天宝十五载（公元 756 年）春，安禄山在唐王朝一大批有声望的官员支持下，以洛阳为根基建立大燕朝，自称皇帝。自此组织起了一整套中央王朝系统，军队士气大振。虽然安禄山当上了皇帝，但是战局仍然不容松懈，叛军从范阳一路打到洛阳只花了四十多天，而在当时就算只是从范阳走到洛阳，也要三十多天的时间。

过快推进必定遗留下重重隐患,果然安禄山进攻之时虽然势如破竹,但是大军过后,河北各郡却纷纷起兵反抗叛军。其中以唐朝大书法家颜真卿和他的哥哥颜杲卿最为著名,他们的反抗极大地干扰了叛军的进军计划,并且将一部分叛军力量拖在了敌后,减少了叛军进攻的力量。而安禄山派往东南企图控制江淮地区,切断朝廷税赋来源的张通晤、杨朝宗部也遭遇了重重阻力,草草而还。加上在河东地区的朔方节度使郭子仪带领的朔方军也与叛军进行了殊死搏斗,并且取得了一系列重大胜利,打通了井陉关的通道,可以直接威胁叛军的后方,也使叛军无法集中力量全力西进。

因此,虽然安禄山在洛阳称帝,看似气势正盛,但实际上却是被阻在潼关之外进退维谷,甚至生出了放弃洛阳退守范阳之心。因此,不仅高仙芝、封常清二人看出了固守潼关的好处,大将郭子仪、李光弼等也上书朝廷建议固守潼关,不要轻率出战。正在双方将要进入僵持阶段的时候,唐玄宗却做出了一件自毁长城的蠢事。

当初高仙芝率军从长安出发时,唐玄宗派宦官边令诚作为监军与他一同出发。事实上玄宗如此安排也有照顾高仙芝之意,因为高仙芝和边令诚是老相识了,在当初高仙芝立下大功的小勃律之战中,边令诚就是他的监军。打仗时,高仙芝还特意照顾边令诚,为他安排了比较安全的留守工作,因此二人关系还算不错。

但是与当时大多数宦官尤其是做监军的宦官一样,边令诚既贪婪又无耻，这次他又做高仙芝的监军，便毫不客气地向他提出很多私人要求，高仙芝不愿意营私舞弊，故此大多婉言拒绝。于是边令诚便怀恨在心，不管国家正处于危难之际，不管高仙芝对于平定叛乱多么重要，只想着要置高仙芝于死地。

于是他在向唐玄宗汇报的时候添油加醋地夸大高仙芝、封常清的大败之状，并且污蔑二人说："常清以贼摇众，而仙芝弃陕地数百里，又盗减军士粮赐。"当初封常清在御前夸下海口要"计日取逆胡之首献阙下"，然而与叛军接战之后却屡战屡败，甚至于丢失了东都洛阳，然后又临敌而退，撤到潼关固守。远在长安的唐玄宗对此非常愤怒，他承平日久，又每日在深宫之中，根本接触不到外界的真实情况。他完全理解不了高仙芝与封常清是在对战争形势进行全盘考量之后，不惜自己的声名前途与身家性命才做出的这种选择，这样退可以拱卫京城长安，进可以遏制叛军进攻步伐，是当时形势下损失最小最保险的选择。他只认为高、封二人胆小怯战，竟然不战而放弃了潼关之外的大片土地，辜负了自己的信任。

因此，后来封常清将自己在战争中总结出的叛军形势和作战经验写成奏章，三次派人送到长安呈给玄宗，唐玄宗都不接不看。封常清心急如焚地赶往长安，他当初在长安时就听到朝中不少大臣都认为安禄山造反作乱狂悖已极，用不了多久就会灭亡，因此十分轻敌。然而封常清到了前线才知道事实并不如此，因此急切地想要亲自将用这些前军将士们的生命换来的经验教训讲给玄宗听，也希望向玄宗解释自己与高仙芝退守潼关的深意。然而封常清刚刚到达渭南，就有圣旨传来，削去他的一切官职，命他退回高仙芝军中，不许再去长安。

边令诚既是唐玄宗所信任的宦官，又亲自在前线目睹了一切，唐玄宗自然相信他的话，现在边令诚报告说高仙芝、封常清不仅作战不利，甚至还滥用职权私扣军粮。唐玄宗再也压制不住自己的怒火，于是命边令诚到军中传旨将高仙芝、封常清二人斩首。封常清默然良久，写了一封遗表请边令诚转呈皇上，泣血呐喊："臣死之后，望陛下不轻此贼，无忘臣言！"

封常清死后，高仙芝也被边令诚斩首，死前高呼："我遇敌而退，死则宜矣。今上戴天，下履地，谓我盗减粮赐则诬也！"一众兵将士卒也为高仙芝喊冤，然而一切都已无法挽回，大唐的两名平叛勇将就这样死在了谗言之下。

此刻，唐军只能依靠哥舒翰负责关中军队的守备事务和潼关的防务，也只有哥舒翰，在实力和威望上，堪与安禄山一战。只可惜此时的哥舒翰病重不起，军中无人可以替代他的位子，整日争吵不休，原本拟订收复洛阳的计划也只能宣告失败。

叛军随即攻破潼关，只取长安。唐玄宗只得仓皇出逃。

被牺牲的女人

唐玄宗逃出长安，过了便桥之后，杨国忠便命令下属放火烧毁桥梁，希望以此来阻止叛军的追击。而唐玄宗却觉得，自己弃之不顾已经是大大的不仁不义，如今再断绝了官吏和百姓的逃生之道，何其残忍呢？于是，唐玄宗让宦官高力士带着随从，留下来灭火。

与此同时，唐玄宗还让另外一个宦官王洛卿先行一步，告知沿途的郡县为自己安排好食宿事宜。很快，唐玄宗一行便到达咸阳望贤宫，本来还准备到那里好吃好喝一顿，然后再好好休息一下，洗洗奔波劳碌的满身风尘。却没想到，当队伍到时，王洛卿和县令早已经不知去向，大概是大难临头各自飞了。

无奈，随行官员只能向当地百姓乞食，不过在名义上，还是为了皇帝接受供奉。只是玄宗有意，百姓却无心，一直到正午时分，唐玄宗依然是饿着肚子，只能拿着杨国忠买的胡饼为自己充饥。

后来，一些百姓听说了皇帝蒙难的消息，便来见见这个皇帝。见堂堂皇帝都沦落到此，善良的百姓不禁同情心大起，遂争相为他们献上自己家里的粮食麦豆，平时吃腻了山珍海味的皇孙们，此刻都变得饥不择食，直接用手抓着食物来吃，完了之后还感到肚中饥饿。玄宗命左右拿出带来的钱财付给百姓们做酬劳，百姓们见状，心中更是感伤，不由得眼泪便落了下来，惹得唐玄宗也掩面而泣。

负责禁宫伙食的官员为唐玄宗送来了御膳，玄宗并没有先吃，反而让那些官员先吃。随即便让军士们分散到村落中去寻找各种可以吃的食物，下午继续启程逃亡，到了半夜时分，队伍终于到了金城县，然而到了此地才发现，官员百姓竟然都逃走了，好在还留下了食物和器皿，于是唐玄宗一行便在驿站中休息，吃完饭以后也没找到油灯，大家摸着黑胡乱睡着了。

真是墙倒众人推、树倒猢狲散，见唐玄宗沦落至此，很多自长安跟随而来的随从都纷纷逃走了，就连曾经表示为唐玄宗赴汤蹈火、在所不辞的内侍监袁思艺也不知去向。不过这一切，唐玄宗都顾不上了，他甚至怀疑，自己还能不能活着到达四川。在黑灯瞎火之中，大家不分彼此，挤在一团睡觉，也算得是患难见真情了。

然而噩耗很快便传来，从潼关归来的将领王思礼告诉唐玄宗，哥舒翰彻底失败了，连他自己也被安禄山擒获做了俘虏。唐玄宗只能任命王思礼为河西、陇右节度使，让他马上动身前去收合散卒，等待时机收复河山。

同时，唐玄宗继续朝着四川方向前进，六月十四日，终于到达了马嵬坡。关于马嵬坡地名的由来，要追溯到西晋时期，据说当时有一个名叫马嵬的人到此筑城，此地便得名马嵬坡，距离长安一百多里地。正是因为唐玄宗经过了这个地方，并且发生了一段凄惨迷离的故事，才让这个地名永远地铭刻在了历史的记忆之中。而在当时，马嵬坡不过是一个再普通不过的驿站。

吃了上顿没下顿，过了今天还不知道有没有明天的生活，让唐玄宗手下的将士们逐渐产生了抱怨情绪。禁军龙武大将军陈玄礼早在长安之时，便想要除去杨国忠这个帝国的祸害，只可惜杨国忠权势熏天，陈玄礼的计划没有成功。现在杨国忠最大的靠山唐玄宗已经落魄不已，身边的禁军大都听陈玄礼的命令，他感到除去杨国忠的时机到了。

于是他通过东宫的宦官李辅国向太子传递消息说祸国殃民、导致叛乱骤起的罪魁祸首是杨国忠，自己打算杀死他，请问太子的立场，太子知道以后犹豫很久也难以决断。太子李亨一向怯懦怕事，之前屡遭李林甫的陷害已经使他成了惊弓之鸟，每次出事就休妻避祸，后来杨国忠也多次排挤打击他。他虽然也很想除掉杨国忠，但是他还不清楚杨国忠以及自己的父亲还有多大的影响力，杀掉这个宠臣会不会惹怒父亲给自己带来灭顶之灾，所以一直不敢答复。

不回答也是一种表态，太子已经以此表示了自己的默许，只是以沉默来为迷茫的未来多做一份担保而已，这样一旦事情败露，他就可以再次将责任推到别人身上，将自己撇得干干净净。太子的态度成为杨国忠的催命符，事已至此，大家所需要的，不过是一个冠冕堂皇的理由。

在此次的逃跑队伍中，还有二十多名吐蕃使者，因为考虑到吐蕃实力强横，所以没有让他们死于乱军之中。然而此次随众入川，吐蕃使者饥肠辘辘，只能拦着杨国忠，要他为他们的吃喝想办法。

杨国忠还来不及答话，士兵中便有人大喊，声言杨国忠和吐蕃使者密谋，准备谋反。这话一传开，立马有人以实际行动响应，一个人弯弓搭箭，"嗖"的一声射了过去，恰好中了杨国忠的马鞍。慌不择路的杨国忠随即策马狂奔，士兵紧追不舍。刚到马嵬驿西门里，杨国忠便被赶来的士兵截住杀死，其头颅也被人挑了起来，到驿站门口示众。

为了斩草除根，太子和陈玄礼、李辅国等人又杀了杨国忠的儿子，即户部侍郎杨暄。此外，杨贵妃的姐姐秦国夫人、韩国夫人也相继被杀，御史大夫魏方见状赶快站出来大喝："汝曹何敢害宰相！"可是杀红了眼的士兵们怎么可能被一个文臣阻住，几下就打死了魏方。

韦见素听见驿站外吵吵嚷嚷，便出来问大家这是怎么回事，不管他是谁，乱军抓住韦见素就是一顿狂殴，韦见素生平第一次被人打得头破血流。幸好有人识得韦见素和杨国忠不是一伙的，大声喊着："勿伤韦相公！"韦见素才在混乱中捡回一条性命。

随着外面呐喊声不断，唐玄宗走了出来，竟然发现军队将整个驿馆都包围了起来。唐玄宗马上感到出大事了,遂问左右怎么回事,左右皆称,杨国忠和吐蕃国使者密谋造反,已经被将士们杀死了。

唐玄宗叹息一声,龙游浅底遭虾戏,跟了自己多年的心腹之臣自己此时竟无力保全,又想到跟着自己一路过来的杨贵妃还在里面不知道这个消息,她若是知道哥哥和姐妹统统被杀,不知会多么伤心。只是自己落难,要活命都还依靠将士们的支持,现在也只能顺着他们来了。唐玄宗拄着手杖走上前去,大力称赞了众位军士为国锄奸的壮举,然后命令他们收队撤离,孰料这些人根本不听使唤。玄宗无奈,只得让高力士去问问怎么样他们才愿意散开。

陈玄礼出面回答:"国忠谋反,贵妃不宜供奉,愿陛下割恩正法。"唐玄宗闻言,心中十分不忍,到底是陪伴自己多年,而且也是自己最为宠爱的女子,如今就这样处死她,自己实在是于心不忍。然而骑虎难下,不管杨贵妃如何美貌动人,如何善解人意,如何洁身自好,如今玄宗自己的性命都在别人的掌握之中,还谈什么保全别人呢?

见唐玄宗依然犹疑不决,京兆府的司录韦谔立刻进谏:"今众怒难犯,安危在晷刻,愿陛下速决!"唐玄宗闻言,心中伤感不已,面显为难之色。韦谔"扑通"跪了下来,力劝皇帝要当机立断,否则军心大乱,国将不国、君将不君。

虽然群臣和将士都给了唐玄宗巨大的压力,唐玄宗也知道今日之事很难善了,但仍然不死心地说:"贵妃常居深宫,安知国忠反谋！"最后还是高力士说出了众将士的心里话，也绝了玄宗心里最后的一点希望："贵妃诚无罪，然将士已杀国忠，而贵妃在陛下左右，岂敢自安！愿陛下审思之，将士安，则陛下安矣。"

今天一众将士非要杨贵妃的性命，不是在乎她有没有罪，而是因为他们已经杀死了杨国忠。事已至此，如果不杀杨贵妃，他日局势稳定下来，玄宗重新掌控所有人的生死，以杨贵妃的受宠，今日参加兵变之人谁还能有安稳日子过？所以他们今天铁了心要杀杨贵妃，无非是为了求得日后的安全而已，玄宗保证了他们日后的安全，他们才肯保证玄宗现在的安全。

唐玄宗经过一番深思熟虑，最终决定，只能弃车保帅，唯一的要求，就是留杨贵妃一个全尸。杨贵妃得知了这个消息，并没有唐玄宗预料中的那样惊慌，仿佛一切都已经顺理成章，她平静地跟随高力士走上了佛堂，曾经的恩爱情缘，缠绵悱恻，曾经的回眸一笑，百媚顿生，都即将化作烟云过眼而去。这一天，杨贵妃被缢杀在佛堂之上，唐玄宗最钟爱的妃子死在了乱世之中。

杨贵妃死后，唐玄宗不得不忍住心痛，让陈玄礼等人进来验尸，让所有人彻底安心。陈玄礼检验已毕，确定杨贵妃是真正死了，这才解下盔甲，跪地请罪。唐玄宗自然知道，他们不过是做作一番，其实并没有将他这个皇帝放在眼里。却也只能虚与委蛇一番，安慰他们说大家非但无罪，反而有功，到了四川之后，定然要为大家论功行赏。唐玄宗只能以此来安定军心，否则更大的乱事就在眼前。

这次事变便是历史上著名的马嵬坡之变,《辞海》中解释"马嵬坡"时道:"唐安史之乱,玄宗从长安西奔成都,缢死杨贵妃于此。"可见正是出现了这个事件,这个再普通不过的驿站,才就此进入了史册。

第八章

乱世登基,走出战乱的艰辛之路

"被"太上皇

一到长安，安禄山便纵容他的那些手下奸淫抢掠、无恶不作，惹得民怨沸腾。而对于向西扩张，彻底打击唐朝势力，却没有一个详细可行的计划，甚至很多人都没有那么想过。

在长安的那些唐朝重臣们中，前任宰相陈希烈，素来就对唐玄宗有怨言，于是直接投靠了安禄山，被杨国忠排挤遭到贬官的张均、张垍也投靠了安禄山，并且得到了安禄山的重用。陈希烈、张垍还被安禄山任命为宰相，其他投降安禄山的原唐朝官员也都被授予官职。叛军因为接受了大量的唐朝重臣而声威远播，士气大振之下，河东道全部为叛军所占领，同时叛军还向南部的江汉地区与西部的汧、陇地区进犯。

而另一边，太子正秘密北上，谋求号令天下，诛杀逆贼。这是安禄山做梦也没有想到的事情，他只知晓唐玄宗进入蜀中，一时半会儿难以发动反攻。如此一来，安禄山便被太子所麻痹，因而产生松懈之情。他没有料到，就在灵武方向，一股反对叛军的洪流正在悄然形成。同时，安禄山也觉得，唐玄宗在蜀中翻不起什么大浪，所以也没有立即下令追击唐玄宗。但他没有想到，只要唐玄宗不死，唐军的正统地位便不容挑战，天下民心便也大多在唐朝的掌控之中。

当太子到达灵武之时，只剩下朔方留后杜鸿渐、六城水陆运使魏少游、支度判官卢简金、盐池判官李涵、节度判官崔漪等尚在，朔方军队最高统帅郭子仪则在外征战。听说太子驾到，这些留任的官员纷纷前来迎接。

在此之前，众人便商议，觉得要将朔方的军事重心放在灵武郡，而且太子也应该被接到灵武来。要知道，此前太子暂居的平凉，不过是一个孤城，四周无险可守，也没有兵力可以相互驰援。灵武则不同，它的城池坚固异常，而且储备了充足的粮食和兵器，只要将太子接过来，登高振臂一呼，天下勤王义士定会云集响应。太子可从西面调发河西、陇右的精骑，北集守军，南定中原。如此千载难逢的天时地利人和之机，大家自然不会放过，遂让李涵带着统计朔方武器、粮食、兵马、布帛等军需物资的账簿前去面见太子，劝他到灵武领导军队。

太子见到李涵，知晓了他的来意，正和自己的想法不谋而合，心中大喜。与此同时，被任命为御史中丞的河西行军司马裴冕也赶来劝谏太子前去朔方，太子欣然同意，择日不如撞日，索性现在就准备启程。而灵武方面，得知太子即将前来的消息，也是振奋不已，派遣了开元时宰相杜暹的儿子杜鸿渐负责建造太子行宫，安排太子的衣食住宿。经过一番有序的繁忙，此时的灵武，终于万事俱备，只等太子前来，一切便会快速运转开来。

杜鸿渐接受了建造太子行宫的任务之后，便让魏少游着手负责此事，自己则去迎接太子。七月九日，太子一行终于到达灵武，一见魏少游建造的宫室，竟然和长安的宫室别无二致。太子以为这样太过奢侈了，遂将那些陈设全部撤除。群臣一见太子如此作为，无不交口称赞，认为太子勤俭，更能勇于涉险，为社稷黎民不辞辛劳，实在是为君者的典范。

暗地里，群臣再将太子和现在的唐玄宗一比，觉得实在是有天壤之别。于是，裴冕、杜鸿渐等人便向太子上奏，请他遵从唐玄宗在马嵬坡的嘱咐，即位为皇帝。如此，便可以挽狂澜于既倒、扶大厦之将倾。

太子自然要假意推辞一番，以堵住悠悠众口。因为他知道，裴冕、杜鸿渐等人一定会找到更加冠冕堂皇的理由让自己登基称帝。果然他们劝谏太子说："将士皆关中人，日夜思归，所以崎岖从殿下远涉沙塞者，冀尺寸之功。若一朝离散，不可复集。愿殿下勉徇众心，为社稷计！"的确，现在天下大乱、天子蒙尘，这些跟随太子的人们无非是为了能够博取功名。只要太子即位，他们便可以立马晋升，太子之威信大增，对于打败叛军十分有利，为了国家社稷考虑，太子非上位不可了。经过了五次反复，太子最终半推半就地答应了群臣的请求。

天宝十五载（公元756年）七月十二日，太子李亨即位，是为肃宗。在灵武郡内，群臣百姓无不争相舞蹈以示庆贺，太子更是喜极而泣。为了彰显自己大孝的美德，太子即位为皇帝之时，立即宣布尊奉唐玄宗为上皇天帝,并且大赦天下,改天宝十五载为至德元载。

既然登基称帝,唐肃宗对那些扶持自己上位的人,也就少不了要论功行赏,这也是他们支持自己上位最为重要的原因。肃宗遂任命杜鸿渐、崔漪为中书舍人,裴冕为中书侍郎、同平章事。在这样一个非常时期,这几个人看准时机,抓住机会,从小小的藩镇幕僚一举成为了大唐的股肱之臣。

而另一边,得到了上皇天帝称号的唐玄宗依然被蒙在鼓里、毫不知情。七月十五日,唐玄宗一行到达了剑门关所在地——晋安郡。在这里,唐玄宗终于可以暂时松一口气。为了能够早日平定叛乱,唐玄宗特意下达了一纸诏书:

"以太子亨充天下兵马元帅,领朔方、河东、河北、平卢节度都使,南取长安、洛阳,以御史中丞裴冕兼左庶子,陇西郡司马刘秩试守右庶子;永王璘充山南东道、岭南、黔中、江南西道节度都使,以少府监窦绍为之傅,长沙太守李岘为都副大使;盛王琦充广陵大都督,领江南东路及淮南、河南等路节度都使,以前江陵都督府长史刘汇为之傅,广陵郡长史李成式为都副大使;丰王珙充武威都督,仍领河西、陇右、安西、北庭等路节度都使,以陇西太守济阴邓景山为之傅,充都副大使。应须士马、甲仗、粮赐等,并于当路自供。其诸路本节度使虢王巨等,并依前充使。其署置官属及本路郡县官,并任自简择,署讫闻奏。"

此外,唐玄宗还下令对一些地方州郡的建制进行了调整,正是通过这一纸诏令,外人才知道唐玄宗自潼关失守之后,从长安逃到了四川。到了巴西郡之后，唐玄宗得到了当地太守崔涣的热情接待，因而很喜欢他，经过房琯的推荐，玄宗任命韦见素为左相，又任命崔涣为门下侍郎、同平章事。虽然他在极力完善这个流亡政府，但是也似乎料到，这不过是自己苦心寻求的一个自我安慰，过后自己还能不能做皇帝，还是一个未知数，经过唐玄宗整顿后的唐军布局，士气得到了很大提升，对于太子称帝后的军事行动有积极意义。

就在太子即位称帝后十余天内，唐玄宗一行终于到达了益州，随行人员走的走、散的散，只剩下一千三百多人。不过到了杨国忠的大本营，给唐玄宗注入了一支强心剂。但唐玄宗似乎已经预料到，不管最终能否战胜安禄山的叛军，这个流亡政府都不过是个形式了，因为杨贵妃之死，唐玄宗已经感到身心疲惫、筋疲力尽，更何况，自己已经是个迟暮老人，实在是不适合再去争权夺利。

八月十二日，从遥远的朔方传来消息，肃宗僭越自立为皇帝。唐玄宗很释然，似乎这一切都是理所应当的事情。六天过后，唐玄宗让大臣们带着自己皇帝身份的象征物玉玺，前去朔方灵武，觐见这位新即位的皇帝。唐玄宗所开创的开元之治和他一手所造成的天宝危局，随着他的退位而步入了一个新的阶段，玄宗朝到此正式结束了，从此唐玄宗真正地退出了历史舞台。

收复两京

唐肃宗即位以后,将全部的精力都放在了收复两京这个目标上。其实自从长安失陷之后,官军就一直在试图收复两京。天宝十五载(公元756年)秋到次年春天,官军首次开始尝试对叛军占领的长安发动进攻,只可惜都被叛军击退,而且遭受了巨大的损失。胜利之后的叛军开始了以洛阳和长安为中心的辐射性扩张,北方已经暂时落入了叛军的手中,眼下叛军将自己的战略重点放在了西方和南方。

而远在蜀中的唐玄宗则下令将仍属唐朝控制范围内的几个地区交到了自己的几个儿子手中。在皇帝无力控制全局的情况下,给予诸王化整为零、各自为战的自由,以期激起诸王的战意。此外,唐玄宗也希望能够通过这个策略,加上大家的忠心来维持皇朝的稳定。然而唐肃宗登基之后,这些各自拥兵出战,不听肃宗指挥的诸王们便成了反叛者,遭到了来自官军的打击。

至德二年(公元757年),唐玄宗的另外一个儿子,永王李璘根据唐玄宗的圣旨,被派到长江中游地区镇守。这是一个很有利的位置,兵多将广、粮草充足。李璘自信满满地认为,只要自己在坐拥这个鱼米之乡、天险之地起兵,就有可能取代私自登基称帝的太子李亨,继而领导大唐中兴。

李璘在反叛之后,迅速顺江而下夺取富饶的长江下游地区,企图通过这个举动,稳固后方,继而夺取天下。只可惜,李璘出师未捷身先死,他的大军刚刚与唐勤王军交锋,便败下阵来,李璘被俘虏后遭杀害。

就在叛军大肆扩张,李唐王朝内部不稳的危殆情势下,一个收复两京的机遇悄然到来。原来安禄山称帝之后,便常常居住在深宫之中,很少见将军和大臣的面,所有政事大多通过他的心腹大臣、中书侍郎严庄上奏。而安禄山最宠爱的妃子是段夫人,爱屋及乌,她的儿子安庆恩便成了他心目中太子的不二人选。安禄山的次子安庆绪听到这个消息后,心中惶恐不已。

严庄素来富有远见,又极其接近权力中心,很敏锐地嗅到了这洛阳城内将会有大事发生的信号。一旦发生变乱,自己就很可能会遭受不利,遂在私下面见了安庆绪,他对安庆绪神秘兮兮地说:"事有不得已者,时不可失。"请他在关键时刻大义灭亲。长期以来,安庆绪一直用心观察何人可用,渐渐将严庄收为己用。对于严庄的提议也表示赞同,并且让严庄为自己想想办法。

严庄又找到安禄山的贴身宦官李猪儿,安禄山自从起兵以来,身体情况十分不妙,而且性格也变得十分暴躁,时常随意责打甚至杀死身边伺候的仆人,弄得人心惶惶。甚至连严庄这样受到倚重的大臣有时候也免不了挨安禄山的打，李猪儿因为贴身伺候安禄山，因此挨打最多。现在严庄要筹划杀死安禄山，很自然地就找上了既有机会接近安禄山，又对安禄山怀有怨恨的李猪儿，严庄对李猪儿说："汝前后受挞，宁有数乎！不行大事，死无日矣！"李猪儿一想，如果不杀了安禄山，自己早晚有一天会被打死，还不如趁此机会先下手为强，于是便爽快地答应了。

至德二年（公元757年）正月初一，安禄山召集了群臣，准备商议对抗勤王军的事情，只是刚刚上朝，便感到身体不适，只能草草说了一些军事战略布置事宜，就散朝了。

入夜以后，安庆绪便和严庄一起手持兵器在安禄山的大帐外面把守，李猪儿拿着一把刀溜进帐中，狠狠地砍向了安禄山的腹部。安禄山顿感一阵刺痛，赶快去摸自己一向放在枕头旁边的宝刀，然而一摸之下竟然摸了个空，知道必然是早已被人偷偷挪走了，于是大怒地摇晃着帐篷的支柱大喝："必家贼也。"然而如何愤怒也无济于事了，安禄山帐外的卫士早就被安庆绪的人控制住，他的最后一声呼救渐渐淹没在夜色之中，待得血液流尽，这个叱咤风云的枭雄，就此梦断黄泉。

安庆绪在杀死父亲之后，草草地将尸体就地埋在了床下，然后秘不发丧。之后才由严庄出面宣布安禄山已死，遗诏立晋王安庆绪为太子，并且立刻登基，然后才为安禄山发丧。由于安庆绪生性怯懦，又没有什么才能，严庄唯恐他不能服众，因此让他像安禄山一样住在深宫之中不见大臣。安庆绪乐得每日寻欢作乐，将一众朝廷大事全部交给严庄处置，并加封他为御史大夫、冯翊王，还厚赏了他的亲信手下以取悦严庄。

安庆绪和严庄在稳定洛阳之后，并没有进一步采取措施，对于长安也无心经营，似乎渐生懒惰。安庆绪开始将政治中心放在自己幽州的老巢，甚至开始觉得，洛阳也不再适合当作一个帝国的权力中心。而另一方面，虽然洛阳暂时稳定了下来，却忽视了远在河北的巨大威胁。尤其是史思明，实力强劲，并不服从安庆绪的管制，他的眼睛，一直盯着洛阳的最高位置。

在这种情况下，唐军收复长安和洛阳的时机宣告成熟。至德二年（公元757年）八月，唐肃宗感到自己兵少将少，实力弱小，遂召集李光弼和郭子仪来和自己会合。二人带着五万多人马经过千里跋涉，终于到达了皇帝的行宫所在。顿时，灵武地区军威大振，人民心中也开始燃起了希望，平定叛乱、复兴大唐也就不再是一句空话。唐肃宗很快任命郭子仪为兵部尚书、同中书门下平章事，同时还兼任灵州大都督府长史、朔方军节度使。

宰相房琯率先请求带领军队一万人马，去收复京都。见房琯主动请缨，唐肃宗很欣慰地同意了。只可惜，房琯虽然忠心可嘉，却无甚谋略。房琯率军队开到陈涛之时，还没有明白过来怎么回事，便中了伏击，被贼军打得大败亏输，所带的一万人马损失殆尽。攻取长安的大计也就暂时告一段落，此时，唐肃宗只能全力仰仗郭子仪和李光弼所带来的大军了。

此时郭子仪认为承平日久、武备蒙尘，导致大唐没有足够强悍的军队，只能仓促召集一群乌合之众来抵御叛军是战争初期屡战屡败、丧失大片土地的重要原因。因此如果要收复两京，空有几位有勇有谋的大将并不够，必须要有一支精锐的军队才行，于是便向唐肃宗建议向军事力量比较强的回纥借兵，唐肃宗答应了。

于是不久以后，回纥的怀仁可汗就派他的儿子叶护和将军帝德等人率领四千精兵来到凤翔，与唐肃宗谈判借兵事宜。求胜心切的唐肃宗对回纥使者许以重利："克城之日，土地、士庶归唐，金帛、女子皆归回纥。"回纥见自己能够获取如此大的好处，便答应了借兵之事。

至德二年（公元757年）九月十二日，天下兵马元帅、广平王李俶率领着战斗经验丰富的朔方等镇军队和从回纥、西域借来的精兵共十五万，从凤翔出发，向长安挺进。为了拉拢回纥，广平王李俶还与叶护结为兄弟，回纥军队到了扶风郡，郭子仪还大宴三天以为招待。看到唐朝方面如此有诚意，叶护高兴地说："国家有急，远来相助，何以食为！"

九月二十七日，各路大军在长安城西郊会合，列阵于香积寺北澧水之东，郭子仪率大军居中，李嗣业部、王思礼部分别为前军和后军，而叛军方面也在北边布置了十万大军。交战之初，官军被叛军冲了阵脚，略有落败的迹象，前军大将李嗣业一看不好，立刻脱掉上衣，手执长刀，立于阵前大喝一声："今日不以身饵贼，军无孑遗矣！"由于李嗣业过于神勇，以一人之力竟然砍杀了数十敌军，叛军士兵被吓呆了，于是官军得以喘息，稍稍站住了阵脚。

正在李嗣业身先士卒，率领部下排成人墙、高举长刀缓缓前进，杀得敌军望风披靡之时，叛军埋伏在东侧的精锐骑兵突然偷袭官军的后方。在此危急时刻，朔方左厢兵马使仆固怀恩率领回纥骑兵迎面而上，将偷袭的叛军杀了个片甲不留。就这样，官军与叛军交战近八个小时，斩首级六万，坠入壕沟而死者无数。残余的叛军终于支持不住，败退入城中。

见此情状，官军在城外扎营，第二天，叛军守将安守忠、李归仁、张通儒、田乾真等全部弃城而逃。官军避免了残酷的巷战带来的无谓损失，兵不血刃地进入了长安城。

回纥王子叶护见收复了长安城，便提出要按照事先的约定抢掠长安，广平王李俶当然不能任由自己的胜利果实被回纥破坏，更担心如果放任回纥军队抢掠百姓，消息传到洛阳，那么必然激起洛阳百姓的守城之心，洛阳也就再难攻克了，于是李俶一咬牙，跪在叶护的马前乞求道："今始得西京，若遽俘掠，则东京之人皆为贼固守，不可复取矣，愿至东京乃如约。"

叶护见状大惊，他一向称呼李俶为大哥，十分尊重，怎么能让大哥跪拜自己呢？于是立刻跳下马来回礼，并且按照回纥的礼节捧着李俶的脚说："当为殿下径往东京！"然后率领部下退出长安城，在浐水之东扎营。李俶此举为自己赚取了大把人心，长安的百姓、士兵们都感激地说："广平王真华夷之主！"连唐肃宗听说之后也感慨说："朕不及也！"李俶在长安整军三日，然后将太子少傅虢王巨任命为西京留守，自己带领大军向东而去，准备收复洛阳。

逃走的长安守将张通儒等人收拾残部逃到陕郡固守，同时安庆绪又派御史大夫严庄率领洛阳军队前来支援，两处合军大约有步兵、骑兵十五万人。郭子仪部在新店与叛军遭遇，一开始被叛军打得很狼狈，幸好回纥骑兵及时赶到，偷袭了叛军的后方。叛军听到响亮的弓箭声，惊恐地大呼："回纥至矣！"听见的叛军闻风丧胆，顿时溃不成军。官军趁此机会与回纥军队两面夹击，将叛军打得大败。

在新店战败的叛军已经是洛阳城附近所有的军队了，失去了这些部队，洛阳城几乎就成了不设防的城市。于是严庄连夜逃回洛阳报告新店大败的消息，安庆绪大惊失色，只得趁官军没来之前带人逃出了洛阳，顺便还将之前俘虏的唐朝大将哥舒翰、程千里等三十余人统统杀光，然后向河北逃去。

十月十八日，广平王李俶率军进入洛阳。这次他再也没有理由阻止回纥兵的抢掠了，洛阳的百姓挨家挨户搜集了罗锦万匹献给回纥兵，回纥兵这才心满意足地收刀。

作为唐朝的两京，长安和洛阳的收复极大地鼓舞了大唐军民的士气，在战火流离中挣扎了两年多的百姓们终于看到了安定的曙光，大唐王朝也看到了重新统一天下的希望。

归义王不义

安庆绪称帝之前，史思明便开始私自收拾在河北地区的叛军残部，安庆绪坐上了帝位，对史思明产生了不满，欲杀之而后快。史思明也渐渐生出了不服安庆绪管制的心思。尤其是在太原围攻李光弼遭遇惨败之后，史思明便返回了范阳。为了暂时稳住史思明，安庆绪封之为妫川王，兼范阳节度使。

范阳是什么地方？那可是安禄山的老巢，是安氏家族起家的地方。从洛阳和长安掠夺到的金银珠宝，都被安禄山运到了这里储藏。史思明顺势接收了那些富可敌国、堆积如山的财富，面对这样的飞来横财，加上安庆绪的无所作为和威望不足，史思明渐生叛离之心，一心想着能够将范阳据为己有。

唐军占领东都后，安庆绪便逃到了邺郡，将邺郡改为安成府，并将年号改为天成。此时安庆绪可谓狼狈至极，身边只有骑兵不到三百，步军不到一千，各位大将如阿史那承庆等人也都风流云散，流落到常山、赵郡、范阳等地。为了能够东山再起，安庆绪开始在邺郡招兵买马，召集旧部。田承嗣、蔡希德、武令珣等安禄山的老将都先后率领所部来投奔于他，又在河北诸郡招募军队，很快安庆绪手下军队就达到了六万人马之众，遭到严重打击的士气重新高昂起来。

然而，在所有的大将中，唯独史思明没有派兵前来，甚至连一个使者都没有过来，这不得不让安庆绪怀疑史思明心怀二志。越想越不放心，安庆绪遂派遣自己的心腹阿史那承庆、安守忠带五千精骑到范阳去征兵。当然，名义上是征兵，实际上是要探查范阳的情况，找准时机发动突然袭击，除掉史思明。

史思明一听到这个消息，立马便看出来这定然是安庆绪的阴谋诡计。于是便找来心腹商议对策，判官耿仁智对史思明说："大夫所以尽力于安氏者，迫于凶威耳，今唐室中兴，天子仁圣，大夫诚帅所部归之，此转祸为福之计也。"裨将乌承玼则说得更加直接露骨："今唐室再造，庆绪叶上露耳。大夫奈何与之俱亡！若归款朝廷，以自湔洗，易于反掌耳。"

史思明思量再三，觉得一方面安庆绪对自己已经起了杀心，自己已经不能继续留在安氏政权下了；另一方面，唐王朝已经收复了两京，明眼人都看得出整体局势开始倾向于唐朝一边，安氏的灭亡已经是指日可待之事了。趁着如今局势尚未完全明朗，如果带领手下归顺朝廷，朝廷为了收取人心，吸引叛军将领投诚，一定会对自己十分礼遇，这也许是眼下最好的办法。因此，史思明决定先下手为强，与其让敌人前来，逼自己处于被动地位。不如先动手，给敌人来一个措手不及。

于是，史思明在营帐之内布满甲士，设下埋伏，然后亲自率领了数万兵马前去迎接阿史那承庆和安守忠。双方一见面，史思明立即下马行礼，并热情地寒暄，这让几位使者都有些不忍心对付史思明了，他们觉得，对安庆绪的使者都如此恭敬，史思明又怎么会有反叛之意呢？然后史思明又客气地请求："相公及王远至，将士不胜其喜，然边兵怯懦，惧相公之众，不敢进，愿弛弓以安之。"阿史那承庆和安守忠对史思明戒心已除，便欣然同意，命令部下放下弓箭。

到了营帐以后，史思明亲自引导阿史那承庆和安守忠进入内厅饮宴，还有舞乐歌姬为之助兴。弄得阿史那承庆如同身处仙宫，待酒兴正酣之时，史思明悄悄派人收缴了二人部下的兵器，然后发给粮食就地遣散，有愿意留在史思明军中的都给予厚赐，然后分到各个营房里去任职。

第二天，史思明派人将宿醉未醒的阿史那承庆和安守忠囚禁了起来，然后派部将窦子昂带着自己写的表章和窦子昂统领的十三郡以及八万兵马前去京师请降，史思明手下的河东节度使高秀岩也带着自己的军队准备投降。窦子昂一行人到达长安之后，唐肃宗很高兴地接见了他们，并且当即下旨封史思明为归义王、范阳节度使，他的七个儿子也被授予了很高的官职。然后肃宗又派遣宦官李思敬与史思明的部下乌承恩一起到范阳去宣旨，命令史思明率军前去讨伐安庆绪。

为了表示自己对朝廷的耿耿忠心，史思明在得到册封之后，将安庆绪派来的使者安守忠当众斩杀，却留下了阿史那承庆，因为他早年和史思明有着深厚的交情，史思明不忍心杀他。带着朝廷招降叛将的圣旨，史思明又开始四处游说，几个州郡的人马都相继归降了唐朝。而乌承恩则在前往范阳的路上不停地宣布朝廷诏令，招降了沧州、瀛州、德州等许多州郡，这样一来，河北地区就只剩下了邺郡还在安庆绪的手中。

明眼人都知道，史思明所做的这一切，不过是为了增强自己的威望，同时也是为取信于唐朝。在史思明的内心深处，对于天下怀有必得之野心。用史书上的话说，便是"外示顺命，内实通贼"。显然，史思明成功地取得了皇帝的信任。

不过并不是所有人都被史思明恭顺的假象所欺骗，例如宰相张镐就对肃宗说："思明凶险，因乱窃位，力强则众附，势夺则人离，彼虽人面，心如野兽，难以德怀，愿勿假以威权。"但是由于肃宗太过相信史思明，加上派去范阳勘察情况的宦官也在肃宗面前极力为史思明说好话，所以肃宗反而将张镐贬为荆州防御使。与张镐一样，平叛名将李光弼也不相信史思明，不过作为久经战阵又有军权的将军，李光弼的做法比张镐更加实际。

乌承恩的父亲乌知义曾经是史思明的老上级，而且对史思明很好，安史之乱爆发后，时任信都太守的乌承恩又带领全郡投降了史思明，看在老上级的面上，史思明对待乌承恩十分亲近信任。当初史思明投降唐朝，也听取了乌承恩的意见，如此机密要事，乌承恩都能够与闻，可见史思明对他的信任。

李光弼知道史思明久后必反，因此早早地布置计划对付史思明，他说服唐肃宗将乌承恩由信都太守升任范阳节度副使，并且向他承诺干掉史思明之后可以让其取而代之，以此将乌承恩收买过来，暗地里指使他设计史思明。另一方面，唐肃宗又在李光弼的建议下赐给留在史思明身边的阿史那承庆铁券，命他与乌承恩一起对付史思明。

之前乌承恩背着史思明做了一些手脚，史思明知道之后虽然产生了怀疑，但是并没有派人查清。后来乌承恩离开京城，与李思敬一起回到范阳宣读唐肃宗封赏史思明的圣旨，史思明便将乌承恩留在自己家中过夜，趁此机会埋伏了两个人在乌承恩的床下窃听。安顿好一切，史思明派人请来乌承恩的儿子，来拜见父亲，到了夜深人静之时，乌承恩对儿子说："吾受命除此逆胡，当以吾为节度使。"

听到此话，在床下等待多时的二人大声呼喝着跳了出来，于是史思明命人绑了乌承恩，从他的行囊中搜出了铁券和李光弼的信，信上写着："承庆事成则付铁券；不然，不可付也。"又搜出了数百页的花名册，上面全是忠于史思明的将士名字。史思明看到这些证据，愤怒地咆哮："我何负于汝而为此！"

让人大跌眼镜的是，这个乌承恩虽然野心勃勃，却是个胆小怕事之人，见到史思明和众将领怒发冲冠的样子，顿时吓得"咕咚"一声跪了下来，同时把责任完全推给了李光弼。于是史思明高声大呼："臣以十三万众降朝廷，何负陛下，而欲杀臣！"

大怒的史思明将乌承恩及其儿子、随从及相关人等两百多人全部杀死。然后囚禁了唐肃宗派来的宦官李思敬，并且上表质问唐肃宗，唐肃宗无奈，只得派人劝慰史思明，并且将一切责任全部推到了死无对证的乌承恩头上："此非朝廷与光弼之意，皆承恩所为，杀之甚善。"史思明表面上接受了朝廷的解释，但是暗地里已经下定决心要重新反叛，史思明的这种心态在官军讨伐安庆绪的过程中表露无遗。

史思明的率众投诚，使唐肃宗认为彻底消灭安庆绪的时机已经到来了。乾元元年（公元758年），唐肃宗颁下了讨伐安庆绪的总动员令，命令朔方郭子仪，淮西鲁炅，兴平李奂，滑濮许叔冀，镇西、北庭李嗣业，郑蔡季广琛，河南崔光远等七镇节度使和平卢兵马使董秦统率步兵骑兵共二十万大军征讨安庆绪；又命河东李光弼，关内、泽潞王思礼两位节度使各率本部兵马从旁援助。由于郭子仪和李光弼资历相当，立下的功勋也差不多，如果任命其中一人为元帅，另外一人一定不会心服，因此唐肃宗干脆就没有设元帅，只是派他信任的宦官鱼朝恩前去监军，不过由于宦官监军实在恶名昭彰，因此改称观军容宣慰处置使。

十月，郭子仪渡过黄河，进围卫州，眼见卫州局势危殆，安庆绪将邺郡中全部的七万人军队分成三军，由当年攻破潼关的大将率领上军，安庆绪自己率领中军，田承嗣率领下军，浩浩荡荡地驰援卫州。结果在与郭子仪会战之时，中了郭子仪的诱敌深入之计，落得大败而归，弟弟安庆和也被俘处死。丢了卫州的安庆绪只能逃回邺郡，郭子仪一路追击而至，此时许叔冀、董秦、王思礼及河东兵马使薛兼训也带领兵马及时赶到。安庆绪被迫在愁思冈与官军一战，结果再次战败，损失了三万余兵将。

安庆绪只得逃回城中固守不出，郭子仪便率军围城，此时李光弼的大军也赶到邺郡城下。安庆绪见官军越聚越多，情急之下不得不派人去向史思明求救，并且不计代价地承诺，只要史思明肯来救援，安庆绪就把皇位让给他。史思明此时既不相信安庆绪，也不再相信朝廷，于是率领十三万大军出征，但是并不急于前进，只是先派手下部将李归仁率领一万人驻扎在邺郡观察时局，随时准备趁火打劫，从中渔利。不久之后，果然被史思明占到了便宜。

十一月，河南节度使崔光远攻下了魏州，史思明一见魏州城刚刚经历大战，城墙等防御设施损毁严重，而崔光远刚刚进城立足未稳，还没来得及修补城墙，正是进攻的大好机会。于是史思明便亲率大军兵临城下，崔光远派部下将军李处崟出战，结果李处崟不敌史思明的大军，败退而还。

史思明追到城下命令军队大声呼喊："处崟召我来，何为不出！"崔光远竟然相信了史思明的离间计，轻易地处死了李处崟。李处崟一向骁勇善战，是崔光远帐下最得力的一名干将，见李处崟这样死于敌人的离间计之下，崔光远的部队顿时失去了斗志。于是崔光远再也无力守住魏州，只得弃城逃入汴州。

得到了魏州的史思明欣喜异常，便在第二年的正月初一筑坛于魏州城北，自称大圣燕王，重新举起了反唐的大旗。李光弼认为："思明得魏州而按兵不进，此欲使我懈惰，而以精锐掩吾不备也。"于是他想要与郭子仪的朔方军一起进逼魏州，史思明一定不敢轻易出战，只要将史思明的部队拖在魏州，被官军团团围困的邺郡等不到援军就一定会很快被攻克。只要安庆绪一死，史思明背上背信弃义，不及时救援的恶名，也就没有托辞来收用安庆绪的部下了。

这本来是一个一箭双雕的好计,谁知唐肃宗派来的观军容宣慰处置使鱼朝恩就是不同意,也许是为了显示他的权威,也许是为了显示他的军事才能比李光弼更高,也许是其他荒唐的理由,总之鱼朝恩就是不允许李光弼依计行事。由于鱼朝恩是唐肃宗的心腹之人,又有高仙芝、封常清的前车之鉴,李光弼和郭子仪两员大将谁也不敢得罪鱼朝恩,这个将安庆绪、史思明两方势力毕其功于一役的妙计就这样搁浅了。

在鱼朝恩这样的无能而又霸道的宦官的带领下,九镇节度使虽然实力强大,却无法施力,同时史思明又亲率大军驰援邺郡,在他的强大攻势下,官军只能节节败退,多亏郭子仪当机立断截断了河阳桥,才好不容易地保住了东都洛阳,连东京留守崔圆与河南尹苏震都逃走了。唐肃宗闻讯,心中痛悔不已,知道是自己用人不当。所以当九镇节度使前来请罪之时,唐肃宗并没有追究他们,即使是临阵脱逃之人,也不过是贬官削爵而已。

打败了围攻邺郡的官军,安庆绪日夜不安的心终于放了下来,于是就反悔,不愿意依照前约将自己的皇位让给史思明了。史思明便使了个计策,将安庆绪骗入自己的营帐,并且斥责他:"弃失两都,亦何足言。尔为人子,杀父夺其位,天地所不容!吾为太上皇讨贼,岂受尔佞媚乎!"然后将安庆绪和他的四个弟弟以及高尚、孙孝哲、崔乾祐等人统统处死。

安庆绪稀里糊涂地便丢了自己的脑袋,邺郡的守军一下子群龙无首,史思明很容易地便带军进入了城中。然后史思明下令将安庆绪的军队收为己用，并打开府库大肆奖赏将士们，安庆绪之前所掌控的州、县及其军队全部归入史思明手中。

史思明稳定了邺郡之后，担心自己的后方不稳固，便留下他的儿子史朝义留守，自己带领大军回归范阳。回到范阳之后，史思明宣布继承安禄山的国号大燕，自称大燕皇帝，改元顺天，改称范阳为燕京，立妻子辛氏为皇后，儿子史朝义为怀王，又任命了周挚为宰相、李归仁为将军。

大唐官军与安庆绪大战一场，损失人力物力无数，结果却让史思明渔翁得利，成为了最大的受益者，不仅杀死了安庆绪，还收用了安禄山所留下的大片势力。

认清敌人的朋友

唐代宗李豫，原名李俶，初封广平郡王，唐肃宗乾元元年（公元758年）四月被立为皇太子。因为他出生时正逢豫州献上颗粒饱满的双穗嘉禾，为了纪念这一祥瑞，故而在立为太子之时更名为李豫。

李豫是唐肃宗的嫡长子，在唐玄宗上百个孙子中，李豫年纪最长，从小就是嫡皇孙。而且李豫聪明好学、博闻强识，精通《周易》卦象；为人宽厚，城府很深，喜怒不形于色。

当初安史之乱爆发以后，李豫随着唐玄宗和父亲当时的太子李亨逃往蜀郡，在马嵬驿之变的第二天与弟弟李俶等人一起劝说李亨留下平叛，而不要继续随着唐玄宗前往蜀郡。正是这一决定使当时地位不稳、朝不保夕的太子李亨摆脱了唐玄宗的控制，得到了大展拳脚的空间和提前登基为帝的机会。

离开唐玄宗的李亨独自走上了平叛之路，而李豫也一直随着父亲南征北战，立下不少战功，其中最为他日后的政治生涯积累资本的当属收复两京之战。自从西京长安、东都洛阳失陷于安禄山之手，朝廷上下无不时刻期待着收复之日，至德二年（公元757年）九月十二日，受封为天下兵马元帅的李豫率领着各方筹集来的精兵共十五万，肩负着收复两京的任务，从凤翔出发。

在骁勇剽悍的回纥军队的援助下，李豫带领的部队很快扭转了不利的战局，顺利收复了长安。按照借兵时立下的约定"克城之日，土地、士庶归唐，金帛、女子皆归回纥"，李豫本应放任回纥军队在长安城中大肆抢掠一番。但是为了保护百姓的安全，李豫不惜向回纥王子叶护屈膝请求，终于保全了长安百姓的生命财产安全。

后来李豫又带军收复了洛阳，并且召集百姓用万匹罗锦作为赎金，阻止了回纥人的抢掠，同时也为自己赚取了大把人心，无数军民都感激地说："广平王真华夷之主！"连唐肃宗听说之后也感慨说："朕不及也！"于是在回到京师之后的第二年，唐肃宗就将李豫立为太子。

唐肃宗统治时期，朝政大权为大宦官李辅国所把持，而后宫则为张皇后一手遮天，二人一外一内互为表里，共同控制着大唐王朝的核心权力。建宁王李倓向唐肃宗揭发他们二人的罪行，谁知反而受到他们的合力陷害，诬陷他怨恨父皇没有将自己任命为天下兵马元帅而意图谋害元帅李豫。

唐肃宗一向最信任的就是李辅国和张皇后，于是不分青红皂白便下令处死了亲生儿子李倓。李倓死后，李豫也深感唇亡齿寒，希望想办法除掉李辅国和张皇后，但因担心步李倓之后尘而不敢轻举妄动，只能不计代价地尽快收复两京为自己积累政治资本。

当然，掌握最高权力之人最终只能有一个，所以当唐肃宗步入晚年，李辅国和张皇后这一对政治搭档也开始分道扬镳。为了在新朝掌握至高无上的权柄，他们各自拥护不同的皇子。李辅国一向拥护太子李豫，而张皇后则拥立唐肃宗的次子越王李系。

事实上，由于张皇后自己的儿子年幼，而肃宗的成年儿子又多立有战功，她几乎不可能说服肃宗和朝臣改立自己的儿子为太子。因此张皇后的目的仅仅是除去李辅国独揽大权，而并不一定要对付太子李豫。

于是当唐肃宗病重时，张皇后召来李豫说："李辅国久典禁兵，制敕皆从之出，擅逼迁圣皇，其罪甚大，所忌者吾与太子。今主上弥留，辅国阴与程元振谋作乱，不可不诛。"张皇后直接问他愿不愿意铲除李辅国，同时也将自己与太子放在同一阵营中，暗示太子只要除掉李辅国，自己当然会支持李豫继位。

然而李豫并不相信张皇后的表态，张皇后的儿子现在虽然年纪尚幼，但毕竟有长大的一日，如果除掉了李辅国，失去制衡张皇后的力量，一旦张皇后把持了朝政大权，数年之后自己的皇位危矣。而李辅国不过是一个宦官，只要满足他的权力欲，即使他权力再大也不可能弑君篡位，所以相比起来，李辅国是比张皇后安全得多的盟友。因此李豫断然拒绝说："陛下疾甚危，二人皆陛下勋旧之臣，一旦不告而诛之，必致震惊，恐不能堪也。"

张皇后见太子不愿出面诛杀李辅国，便又找来越王李系将自己的计划说了一遍，并问他："太子仁弱，不能诛贼臣，汝能之乎？"李系早就受不了李辅国的专横跋扈，听说张皇后有意要杀李辅国，就已十分高兴，何况如做成此事，皇帝大位也就跑不了，是自己的了，便干脆利索地回答："能！"于是李系便命令段恒俊挑选二百多名力气大有胆量的宦官带着兵器埋伏在长生殿后，然后派人召太子入宫。

李系没有想到的是，他召集一群宦官伏击太子，怎么可能瞒得过宦官头子李辅国呢？李辅国很快就得知了张皇后和李系的计划，于是派飞龙副使程元振拦住太子，不让进宫，然后带领禁军入宫，把李系、段恒俊一伙人一网成擒。当时张皇后正在长生殿陪伴肃宗，程元振不顾病体沉重的皇帝，凶神恶煞般地闯进长生殿，将张皇后驱赶下殿，与她身边的亲信数十人一起软禁在后宫中。

本已处在弥留之际的唐肃宗受此惊吓，很快就魂归九泉。李辅国甚至没有等得及为肃宗发丧就急急忙忙杀死了张皇后和李系以及他们的党羽，然后才让太子李豫身穿素服在九仙门与宰相见面，并告知皇帝驾崩的消息。几天以后，太子李豫登基，史称唐代宗。